Nancy Potts

Leben in Zeiten der Einsamkeit

VERLAG DER FRANCKE-BUCHHANDLUNG GMBH
MARBURG AN DER LAHN

CIP-Kurztitelaufnahme der Deutschen Bibliothek

Potts, Nancy:
Leben in Zeiten der Einsamkeit: machen Sie das Beste aus den einsamen Stunden, die zwischen den angenehmen Zeiten der Gemeinsamkeit liegen / Nancy Potts. - Marburg an der Lahn: Francke, 1981.
(Edition C: F, Brennpunkt — die Familie; 4)
Einheitssacht.: Loneliness - living between the times ‹dt.›

ISBN 3-88224-193-4

NE: Edition C/F

Originaltitel: LONELINESS — LIVING BETWEEN THE TIMES

Übersetzung aus dem Amerikanischen: LITERA
Umschlaggestaltung: LITERA
Titelfoto: ROEBILD
Gesamtherstellung: Schönbach-Druck GmbH, 6106 Erzhausen

Danksagungen

Ohne die kreative Mitarbeit und Unterstützung anderer kommt nichts zustande. Folgenden Personen, die mich ermutigt haben, möchte ich kurz meinen Dank aussprechen:

Lloyd Potts, der mich geduldig und beharrlich bestätigt hat, Marilyn Hamor, die das Manuskript trotz meiner Rechtschreibfehler getippt hat.

John L. Peterson, der mir Gelegenheit gab, über etwas zu schreiben, das wie ein unglaubliches Thema klang.

Norman Stolpe, der Antworten auf die „langfristigen" Fragen bereithielt und das endgültige Manuskript redigierte.

All denen, die mir das Geschenk ihrer selbst mit ihren Kämpfen, Ängsten, Zielen und Begegnungen mit der Einsamkeit gemacht haben.

Inhalt

1. Einsamkeit zu allen Zeiten ... 13
2. Übergangsrituale ... 19
3. Erfahrung und Dasein ... 29
4. Alleinsein und Einsamsein ... 35
5. Illusionen über die Einsamkeit ... 43
6. Alle Einsamkeiten in der Familie ... 51
7. Der Umgang, den Sie pflegen ... 69
8. Sie leben Ihre Einsamkeit ... 81
9. Gottes „Ich liebe dich“ ... 87
10. Das Leben als Geschenk ... 93
11. Mit dem Leid vertraut sein ... 99
12. Sie leben Ihr Sterben ... 107
13. Leben heißt Probleme lösen ... 113

Für

Sue und Boyd Needham,
die mir das Geschenk des Lebens machten,
und
Lloyd, Marilyn, Lanette,
deren Liebe und Ermutigung
dieses Werk ermöglichten.

Vorwort

Alleinsein ist vielleicht die grundlegendste menschliche Daseinsform. Sie übertrifft in der menschlichen Erfahrung sogar die der Sünde an Wichtigkeit. Jeder fürchtet die Einsamkeit, und das vergeht auch nicht, wenn man verheiratet ist oder Christ wird. Es kann sogar inmitten einer Menschenmenge akut sein. Mit Mut, Wärme und Verständnis hilft uns Nancy Potts, uns selbst ehrlicher zu begegnen. In ihrem Beruf als Beraterin, in dem sie eng mit einer kirchlichen Gemeinde zusammenarbeitet, hat sie die Einsamkeit an Menschen aller Altersstufen erlebt. Indem sie anderen half, hat sie Kraft geschöpft, diesen manchmal rätselhaften Gast zu akzeptieren. In diesem Buch läßt sie uns an ihrer Weisheit und ihrem Verständnis auf wunderbare Art teilhaben.

Dieses Buch ist ein bemerkenswerter Band aus der Reihe ,,Brennpunkt Familie''. In einer Zeit der Auflösung brauchen wir zuverlässige und praktische Hilfen, die die Bedürfnisse der Familien ansprechen.

Die Hilfen, die die Reihe ,,Brennpunkt Familie'' bietet, konzentrieren sich auf die Bedürfnisse dreier Leserkreise: 1. Alleinstehende Erwachsene, Unverheiratete oder Geschiedene. 2. Ehepaare, mit oder ohne Kinder. 3. Eltern, die mit der Verantwortung der Kindererziehung konfrontiert werden.

Jeder Autor dieser Reihe ist überzeugter Christ, der am kirchlichen Leben seiner Gemeinde teilnimmt und auf seinem Gebiet über hohe Sachkenntnis verfügt.

1. Einsamkeit zu allen Zeiten

Immer wieder bin ich den Wegweisern meines Lebens gefolgt und habe nach der Krise gesucht, die am Anfang meines persönlichen Lebensweges stand, auf dem mich die Einsamkeit zu Zeiten begleitete. Gewiß, ich lernte Einsamkeit in Familienkrisen, während einer schweren Krankheit oder bei unerwarteten Todesfällen kennen. Aber ich sah ein, daß Einsamkeit nicht nur im Zusammenhang mit Krisen auftritt; ich kann in meinem routinemäßigen Leben um eine beliebige Ecke biegen und stehe ihr erneut gegenüber.

Ich empfinde meine persönliche Einsamkeit besonders stark bei Erlebnissen, die mich tief berühren: die Schönheit und doch Endgültigkeit eines Sonnenuntergangs, der Umzug in eine andere Stadt, die Erkenntnis, daß Freundschaften nicht immer von Dauer sind, oder der Anblick einer älteren Frau, die auf müden Beinen daherhumpelt. Ich erinnere mich gut an die alte Frau. Sie suchte eine Beschäftigung, um ihre Rente aufzubessern. Ich hörte, wie sie dem Besitzer eines Souvenirladens erklärte, daß sie seit etwa zwei Monaten Witwe sei. Sie brauchte einen Nebenverdienst, um mit ihren Mitteln auskommen zu können. Ich beobachtete stumm und angstvoll, wie der Besitzer sie abwies. Manchmal überwältigt mich ein Nebel der Einsamkeit, wenn ich die Enttäuschung mitempfinde, die ein anderer Mensch erfährt.

Die Heilige Schrift offenbart die Ängste der Einsamkeit im Laufe des Lebens. Die Menschen, über deren Leben auf diesen Seiten berichtet wird, machten Erfahrungen, die sich mit den täglichen Freuden und Leiden jedes Menschen überschneiden. Selbst Christus sprach von unüberwindlicher Einsamkeit, als er vom Kreuz rief: „Mein Gott, mein Gott, warum hast du mich verlassen?" (Matth. 27, 46). Ablehnung oder die Furcht, abgelehnt zu werden, können unmittelbar das Gefühl einer einsamen Leere auslösen.

Als Ehe- und Familienberaterin habe ich Einsamkeit in der Ehe, Isolation während der Scheidung, das Leid nach dem Tod eines Angehörigen und die Ängste mancher „ewiger" Junggesellen miterlebt, die sich verzweifelt nach einer intimen Beziehung sehnen. Auch in anderen Übergangsphasen wird unsere Veranlagung zum Einsamsein deutlich. Die Fortschritte, die wir im Leben machen, können qualvolle Zeiten der Selbstprüfung sein. Die Übergänge von der Jugendzeit in die 20er Jahre, von den 20ern in die 30er, von den 30ern in die 40er Jahre usf. sind bittersüß durchsetzt. Es sind Zeitpunkte, an denen

wir einen Lebensabschnitt hinter uns lassen und einen neuen beginnen müssen. Die Einsamkeit ist ein Gefährte, der bei der Geburt kommt und im Tod geht. Sie ist eine Lebenstatsache.
Die aus einer Krise geborene Einsamkeit kann Entsetzen hervorrufen, doch die Einsamkeit des täglichen Lebens ist ebenso mächtig. Schrittweise entwickeln wir diese Gefühle und erkennen wir ihren Wert. Die Entscheidung, was wir aus dieser Erfahrung machen, ist ein Maßstab dafür, wie wertvoll sie ist.

Die Gegenwartsliteratur beschäftigt sich nicht mit der Einsamkeit im Leben des Christen. Ich frage mich, warum, da doch die Einsamkeit eine natürliche Lebenserscheinung ist. Gottes Wort geht auf einige Krisen ein, die Einsamkeit hervorrufen: der Schäfer, allein mit seiner Herde, die Jünger, die ihre Familien verließen, um Jesus zu folgen, der verlorene Sohn, wie er sich bei seinem Vater verdingen will, und Christus, der die Angst vor dem bevorstehenden Tod empfand.

Das Leben bietet viele Beispiele, die Einsamkeit auslösen: der Tod eines geliebten Menschen, Ablehnung, Verlassenheit, Isolation, Enttäuschung, Versagen, Entfremdung von Gott, auch das Bewußtsein, daß jeder von uns allein ist. Warum also behandelt die christliche Gegenwartsliteratur dieses Thema nicht?

Vielleicht haben zu viele Christen den Standpunkt eingenommen, daß der Glaube ein Heilmittel gegen die Einsamkeit und die Gemeinschaft der Kirche ein Vorbeugungsmittel gegen das Alleinsein sei. Oder vielleicht hat man nicht die Parallelen zwischen den Zeiten der Bibel und der heutigen Welt gezogen. Schafhirten sind nicht mehr an der Tagesordnung. Aber Geschäftsführer leiten Aktiengesellschaften in wirklich vorhandenen Städten. Familien zerfallen aus zahllosen Gründen ... Tod, Scheidung, Umzug in eine andere Stadt oder ein anderes Land. Aufgrund der Mobilität fühlt sich der Mensch isoliert und einsam.

Der Glaube schützt uns *nicht* vor der Einsamkeit. Ganz im Gegenteil. Christen beziehen im Leben Stellung, und Überzeugungen haben ihren Preis. Wenn man den Menschen in Jesu Namen mit Liebe begegnet, nimmt man das Risiko der Verwundbarkeit auf sich. Der Glaube verhütet die Einsamkeit nicht, aber er schafft eine Grundlage, sie zu verstehen. Kameradschaft bietet eine Möglichkeit, nicht allein zu sein, obwohl Alleinsein nicht dasselbe ist wie Einsamsein. Da man Einsamkeit mit Versagen gleichgesetzt hat, empfinden wir mehr die Not als die Schönheit jener schmerzlichen Augenblicke. So sagte eine Frau: „Ich würde einer Freundin sagen, ob ich glücklich, traurig oder verletzt bin. Aber zu sagen: »Ich bin einsam«? Meine Freundin würde sich fragen, warum niemand um mich sein will."

Christen sind Menschen. Sie sind wie andere der Liebe, den Verlusten und Erfahrungen des Lebens hingegeben. Die Einsamkeit ist ein natürlicher Lebensvorgang; vielleicht ist sie eine unbequeme, schmerzliche, beunruhigende Erfahrung. Aber wenn Sie die Einsamkeit erleben, können Sie mehr über sich selbst, Ihre Beziehungen und Ihren Glauben an Gott erfahren. Sie können den Weg an jedem beliebigen Punkt Ihres Lebens, mit jedem beliebigen Bündel, das mit Ihrem Namen versehen ist, antreten. Es kann die Erfahrung persönlichen Wachstums, eines tiefen Erlebnisses oder aber auch eines lähmenden Entsetzens werden. Wie wollen *Sie* Ihre Einsamkeit leben?

Wurzeln

Die Einsamkeit wurzelt in einer Vielfalt von Erfahrungen. Unerfüllte Versprechungen, zerbrochene Beziehungen, berufliche Enttäuschungen, leidenschaftliches Hadern mit Gott, das Gefühl, abgelehnt zu werden, die Ungewißheit der Zukunft. Das Leben ist mehr als nur eine Zeitspanne zwischen Geburt und Tod. Das Leben, das weitergeht, erlaubt uns nicht, lange stillzustehen. Auf der Suche nach meiner persönlichen Einsamkeit traf ich andere, die die Wirklichkeit ihrer Einsamkeit mit mir teilten.

Eine Frau schilderte mir ihr Ringen um Selbstbestätigung. Sie faßte die Jahre ihres Erwachsenendaseins mit einem Wort zusammen: *Frustration.* Sie betrachtete ihr Leben als durchschnittlich und vorhersagbar. Ihre Tagträume kreisten um den Wunsch, eine andere zu sein. Als sie nach 20 Jahren wieder mit ihren ehemaligen Studienkollegen zusammentraf, stand sie vor der Frage: „Was tust du eigentlich jetzt?" Die Antwort war ein hohles „Nichts". Sie schrieb nicht an dem großen Roman, sie war keine vielbegehrte Rednerin, die Hausarbeit füllte sie nicht aus, sie war unmusikalisch, und unter Menschen fühlte sie sich häufig einsam. Und auch ihre Kinder gerieten nicht in jeder Hinsicht so, wie sie es erwartet hatte. Sie war stets voller Pläne ... immer zu spät.

Die Einsamkeit verfolgte sie wie ein Schatten, wenn sie nach Auswegen suchte, die sie zu einem selbstbejahenden Gefühl führen würden. Das konnte sie jedoch nur, wenn sie die Zeiten ihrer Einsamkeit bejahen und sie als eine Gelegenheit nutzen konnte, mehr über sich selbst zu erfahren. Sie rang mit der Frage: „Kann ich mich so akzeptieren, wie ich bin?"

Ihr Leben war dem eines erfolgreichen Geschäftsführers genau entgegengesetzt. John schilderte sein Leben als ein Leben voller Abwechslungen. „Ich bin jeden Tag ein anderer", erklärte er. „Wenn ich meine Bekannten betrachte, sehe ich, daß ich Bewunderer, Kameraden, Geschäftsfreunde, eine reizende Familie und gute Bekannte, daß ich aber keine Freunde habe. Ich war zu beschäftigt, um irgend jemandem Vertrauen zu schenken, und ich habe dafür bezahlt. Selbst meine alten Freunde sind mir allmählich fremd geworden.“ John erzählte seine Geschichte, indem er die einzelnen Abschnitte seines Lebens nachvollzog. Er zählte nochmals die Tiefpunkte der Einsamkeit auf, die den Zeiten vorausgingen, in denen er Entscheidungen traf. Selbst als er seine Karriere und seine Familienbeziehungen als Erfüllung schilderte, kehrte das Thema wieder. „Aber manchmal fühle ich mich so *einsam*. Und ungeachtet guter Beziehungen, lieber Erinnerungen und des Erfolges kann ich jenen Gefühlen nicht entrinnen. Sie sind ein Schwerpunkt in meiner täglichen Existenz.

In den Augen meiner Kollegen bin ich erfolgreich, man hält mich für religiös, und meine Familie weiß, daß ich für sie da bin. Wie verblüfft sie wären, wenn sie erführen, daß ich noch immer kämpfe, um den Teil meines Ichs zu bewältigen, der mein Geheimnis ist... ich bin einsam.“

Johns Geschichte ist nicht außergewöhnlich. Eine Frau, Anfang dreißig, unlängst geschieden, sprach mit mir über ihre größte Schwierigkeit. „Ich kann mich nicht mit Erfolg und Erfüllung identifizieren. Aber ich empfinde die Qual der Einsamkeit. Ich möchte noch vieles über mich erfahren. Morgens spiele ich still Erinnerungen wieder durch, während ich Kaffee trinke und Angstanfälle durchstehe. Ich habe Fragen, die mich bedrücken. — Wie kann ich damit fertigwerden? Wozu kann es gut sein? Ist solch eine abgrundtiefe Einsamkeit normal?“

Diese Fragen sind so selbstverständlich wie die Gefühle, die jeden von uns zu anderen Zeiten und in unterschiedlicher Form einmal begegnen können. Gegen die Einsamkeit ist kein Kraut gewachsen. Wenn es so wäre, gäbe es den Antrieb, unserer eigenen Einsamkeit auf den Grund zu gehen, nicht mehr.

Einsamkeit ist eine Herausforderung

Die meisten Menschen kennen die Macht der Einsamkeit besser als ihr Wesen. Mit Sicherheit ist sie ein Ausdruck dessen, was wir sind — von Gott erschaffen, für uns und ihm gegenüber verantwortlich. Einsam sein heißt Mensch sein. Eine Krise ist meistens der Angelpunkt, an dem wir erkennen, daß jeder von uns eine einsame, einmalige Persönlichkeit ist. Dann sehen wir ein, daß kein anderer uns die tiefsten Fragen des Lebens beantworten kann. Das plötzliche Gewahrwerden der Panik und der Isolation in der Einsamkeit kann den Wunsch auslösen, vor dieser Erfahrung und vor sich selbst davonzulaufen. Aufgeschlossenheit für Augenblicke der Einsamkeit ist eine tiefgreifende Herausforderung, die intensivere Beziehungen zu anderen Menschen und zu Gott ermöglicht.

Das Leben ist voller Widersprüche. Die Einsamkeit kann nur dann eine Zeit der Fortentwicklung sein, wenn Sie bereit sind, mit den quälenden Gefühlen zu leben und ihre Bedeutung zu ergründen. Sie müssen die Unbequemlichkeiten in Kauf nehmen, um die Gaben einer tieferen Selbsterkenntnis, innigerer Freundschaften und eines reiferen Glaubens zu erlangen.

Die Einsamkeit ist kein Hirngespinst, sondern eine Wanderung, kein Feind, sondern eine natürliche Lebensbedingung, kein Sichentfernen von Gott, sondern ein Schritt auf ihn zu, kein Rückzug, sondern ein Entwicklungsvorgang, der zu einem freudigeren Erwachen zum Leben führt. Es kann eine Zeit sein, in der Sie überkommene Verhaltensmuster überprüfen, unausgesprochenen Fragen nachgehen und den Tatsachen des Lebens ins Auge schauen — wenn Sie sich entschließen, sie auf diese Art zu nutzen.

Offensichtlich stellt diese Erfahrung Forderungen. Sie beansprucht innere Kräfte und gibt Ihnen zu verstehen, daß Sie die Einsamkeit lieber bereitwillig annehmen als vor ihr davonlaufen sollten. Es gibt keine Möglichkeit, Einsamkeit auszumerzen oder eine Erklärung für sie zu finden. Eine solche Erwartungshaltung führt vielmehr zu Verzweiflung. Unsere Aufgabe ist es, die Einsamkeit akzeptieren, mit ihr leben und sie produktiv nutzen zu lernen. Früher oder später tritt die Einsamkeit in das Leben eines jeden ein. Und mit der Einsamkeit werden zugleich Hoffnung, Freude und Beziehungen zu anderen möglich.

Das ganze Alte und Neue Testament hindurch versichert uns Gott, daß das Leben einen Sinn hat. Die Botschaft der Heiligen Schrift gibt uns Richtlinien und Lehren, die auch heute noch gültig sind. Die Menschen sind sich im allgemeinen des Anteils des Leidens an der Einsamkeit mehr bewußt als ihres Wertes; Sie brauchen jedoch nur das Buch Prediger Salomo aufzuschlagen, um zu einem anderen Verständnis zu gelangen. Dort finden Sie ein lebendiges Bild von der Naturhaftigkeit des Leidens und der Verbindung zwischen Einsamkeit und Weisheit.

> Ich sprach in meinem Herzen: Siehe, ich bin herrlich geworden und habe mehr Weisheit als alle, die vor mir gewesen sind zu Jerusalem, und mein Herz hat viel gelernt und erfahren. Und ich richtete mein Herz darauf, daß ich lernte Weisheit und erkennte Tollheit und Torheit. Ich ward aber gewahr, daß auch dies ein Haschen nach Wind ist. Denn wo viel Weisheit ist, da ist viel Grämen, und wer viel lernt, der muß viel leiden.
>
> (Prediger 1, 16—18 AT)

> Ein jegliches hat seine Zeit, und alles Vorhaben unter dem Himmel hat seine Stunde: geboren werden hat seine Zeit, sterben hat seine Zeit, pflan-

> zen hat seine Zeit, ausreißen, was gepflanzt ist, hat seine Zeit; töten hat seine Zeit, heilen hat seine Zeit; abbrechen hat seine Zeit, bauen hat seine Zeit; weinen hat seine Zeit, lachen hat seine Zeit; klagen hat seine Zeit, tanzen hat seine Zeit; Steine wegwerfen hat seine Zeit, Steine sammeln hat seine Zeit; herzen hat seine Zeit, aufhören zu herzen hat seine Zeit; suchen hat seine Zeit, verlieren hat seine Zeit; behalten hat seine Zeit, wegwerfen hat seine Zeit; zerreißen hat seine Zeit, zunähen hat seine Zeit, schweigen hat seine Zeit, reden hat seine Zeit; lieben hat seine Zeit, hassen hat seine Zeit; Streit hat seine Zeit, Friede hat seine Zeit. (Pred. 3, 1—8)

Alle Zeiten unseres Lebens können uns bereichern und uns Erkenntnisse vermitteln. Beginnen Sie, sich auf sich selbst einzustimmen. Wenn Sie den heutigen Tag beenden und den morgigen beginnen, achten Sie aufmerksam auf die Zeiten, in denen Sie sich unbehaglich fühlen. Bevor Sie zu fliehen versuchen, empfinden Sie die Gefühle und das, was sie Ihnen sagen. Fühlen Sie sich isoliert, verlassen, abgelehnt oder verloren? Versuchen Sie, das unbehagliche Gefühl oder den Schmerz beim Namen zu nennen. Schreiben Sie auf, was und wie Sie empfinden. Das Sich-Eingestehen ist der erste Schritt zur Aussöhnung mit der einsamen Seite Ihres Ichs. Sie werden nicht von heute auf morgen lernen, und Sie werden den Wert der Einsamkeit nicht unvermittelt erkennen. Das ist ein Entwicklungsprozeß, der sich über die Lebensabschnitte hin erstreckt.

Sie leben Ihre Einsamkeit

Beantworten Sie die folgenden Fragen im Laufe des Tages oder der Woche aus Ihrer eigenen Erfahrung:

1. Was ist Einsamkeit?
2. Wann haben Sie sich zum letzten Mal einsam gefühlt?
3. Was empfinden Sie, wenn Sie einsam sind?

2. Übergangsrituale

Die Frage „Was ist Einsamkeit?" müssen wir aus unserer eigenen Erfahrung heraus beantworten. Sie ist ein Faden, der in unser aller Leben verwoben ist. Bei manchen Menschen tritt er deutlicher zutage als bei anderen. Aber der Faden ist da, gleichgültig, wie deutlich er erkennbar ist. Die Antworten auf die Frage „Was ist Einsamkeit?" waren aufschlußreich. Wenn wir imstande sind, unsere Gefühle zu äußern, haben wir auch die Möglichkeit, die Mauern zu durchbrechen, die wir errichtet haben, um unsere Ängste zu verbergen. Im folgenden gebe ich einige Reaktionen von Menschen wieder, die dabei sind, mit den Zeiten ihrer Einsamkeit leben zu lernen.

1. „Für mich bedeutet Alleinsein *Angst* haben. Ich fürchte mich davor, was meine Gefühle in mir anrichten werden. Wenn ich fühle, wie ich untergehe, versuche ich, mich ständig zu beschäftigen. Dann fühle ich mich leer, erschöpft, jeder Sache überdrüssig. Dann möchte ich mit einem Menschen zusammensein, irgendeinem, aber ohne eigentlich jemanden zu suchen. Es ist eine Zeitspanne, in der ich nachdenke."

2. „Bei dem Gedanken an Einsamkeit fühle ich mich *verlassen.* Dabei muß ich daran denken, wie ich im Krankenhaus lag, als ich vierzehn war. Wenn die Besuchszeit um war, führten die Schwestern meine Eltern, Geschwister und Freunde hinaus. Manchmal wachte ich mitten in der Nacht auf und weinte mich wieder in den Schlaf. Ich wußte, daß sie mich nicht verlassen hatten. Aber um drei Uhr morgens, in der schweigenden Dunkelheit, spielten mir meine Gemütsbewegungen Streiche."

3. „Einsamsein heißt *Versagen* und *Ablehnung.* Ich bin mit der Vorstellung aufgewachsen, daß Einsamkeit etwas Verwerfliches sei. Einsamkeit war etwas, das für anständige Leute, insbesondere für Christen, nicht existierte. Als ich vor mehreren Jahren aus meiner Arbeitsstelle entlassen wurde, empfand ich ein verzweifeltes, quälendes Gefühl der Einsamkeit. Für mich war die Welt zusammengebrochen. Ich fühlte mich ausgestoßen und von niemandem erwünscht. Und ich hatte Schuldgefühle, daß ich so niedrig denken konnte. Ich glaubte nicht, daß irgendeiner meiner Freunde in meiner Gesellschaft sein wollte, daher zog ich mich zurück. In Wirklichkeit konnte ich *ihnen* nicht gegenübertreten! Ich sah ein, daß das Davonlaufen vor mir selbst nicht die Tatsache auslöschte, daß ich mir verkommen und nichtswürdig vorkam."

4. „Für mich bedeutet Einsamkeit *Kummer.* Wenn ein guter Freund stirbt oder fortzieht, empfinde ich es als einen bedrückenden Verlust. Meistens weine ich dann und bin deprimiert. Ich hadere mit Gott und bete, daß er mich von dem Leid befreie, aber es läuft nicht immer so, wie ich es mir wünsche."

5. „Ich fühle mich einsam, auch wenn keine erschütternden Ereignisse eintreten. Gerade in meinem *Alltagstrott* liegen Augenblicke der Einsamkeit verborgen."

6. „Einsamkeit heißt, in einer *Führungsposition* stehen. Es heißt derjenige sein, der harte Entscheidungen fällt, in dem Bewußtsein, daß ich kritisiert werde, welche Entscheidung auch immer ich treffen mag. Es bedeutet, nicht zu wissen, ob die Menschen mich um meinetwillen mögen oder um dessen willen, was ich für sie aufgrund meiner Position erreichen kann. Einsamsein ist ein beständiger Kampf."

Das sind ganz alltägliche Schilderungen von Menschen, die ihre Gefühle zu verstehen suchen und zu einer tieferen Selbsterkenntnis gelangen möchten.

Übergangsphasen

Die Zeit zwischen Geburt und Tod ist von zahlreichen unbeachteten Ritualen geprägt. Unsere Gesellschaft sondert einige dieser Übergänge als bemerkenswert aus — die Geburt, den Beginn der Teenagerjahre, die Heirat, die Geburt eines Kindes, das Erreichen des 40. Lebensjahres, den Ruhestand, den Tod. Früher bezeichnete das 21. Lebensjahr den offiziellen Eintritt in das Erwachsenendasein. Heute aber, da die gesetzliche Volljährigkeit mit dem 18. Lebensjahr beginnt, herrscht Verwirrung über den richtigen Zeitpunkt, „die Mündigkeit zu feiern". In den kommenden Jahren wird dieses Übergangsritual vielleicht gänzlich abgeschafft.

Jeder erfährt das ganze Leben hindurch „kleine Sorgen", die zwischen den größeren Übergängen eingestreut liegen, aber den meisten von uns sind die folgenschweren Auswirkungen der „kleinen Tode" nicht bekannt. Wir sind mehr daran gewöhnt, die anerkannten Rituale bei einer Geburt, einer Eheschließung oder einem Todesfall zu befolgen. Beim Tod eines Familienmitglieds fühlen sich die Angehörigen veranlaßt zu trauern. Der Verlust und die Einsamkeit, die man verspürt, werden akzeptiert und verstanden. Für den Christen bedeutet der Tod nur ein Abschiednehmen von seinem körperlichen Dasein. Den hinterbliebenen Angehörigen und Freunden aber kündigt er einen neuen Lebensabschnitt an. Sie müssen ihr Leben nun ohne den Verstorbenen neu gestalten.

Als Jesus am Kreuz starb, trauerten seine Jünger und Freunde, sie versuchten, sich über ihre nächsten Schritte schlüssig zu werden und sprachen über den Gekreuzigten. Die Auferstehung Jesu war eine Zeit überschäumender Freude; wieder aber mußten die Jünger Abschied nehmen, diesmal von seiner physischen Anwesenheit auf Erden. Dies leitete den nächsten Lebensabschnitt, Trauer, Neubeginn; wir verstehen nun, wie wir Übergangsritualen zu begegnen haben.

Die kleinen Tode

Da wir es nicht gewohnt sind, die kleinen Sorgen als selbstverständliche Zeiten des Verlustes hinzunehmen, sind wir nicht bereit, ihnen die Stirn zu bieten und aus ihnen zu lernen. So erklärte z. B. eine Frau: „Als meine beste Freundin in eine andere Stadt umzog, fühlte ich mich unsäglich einsam. Es war, als stürbe ein Teil von mir ab. Ich versuchte, einer anderen Freundin zu erklären, wie mir zumute war, aber sie verstand mich nicht. Sie behauptete zwar, sie verstehe mich, aber als sie sagte, daß ich mit der Zeit darüber hinwegkommen würde, wußte ich, daß sie nicht begriff, was der Verlust für mich bedeutete. Die Leute versuchen immer, alles irgendwie festzulegen oder zu vertuschen. Was ich wirklich brauchte, war jemand, der meinen Kummer verstand. Dann hätte ich mich ausweinen können und mich wieder liebenswert gefühlt."

Viele Situationen lösen Gefühle des Verlustes und der Einsamkeit aus. Wenn wir lernen, mit den kleinen Sorgen fertigzuwerden, sind wir eher in der Lage, größeren Verlusten, wenn sie eintreten, die Stirn zu bieten und sie zu überstehen. Das Bejahen der Übergangsrituale, die nicht feierlich begangen werden, kann uns helfen, uns selbst zu begegnen und vor einigen Ursachen der Einsamkeit auf der Hut zu sein. Ich stelle Ihnen hier eine Auswahl vorhersagbarer Erfahrungen vor, die Übergänge im Leben bilden. Natürlich kann sich Ihr Verhalten im Hinblick auf jeden dieser Übergänge, je nach Ihren Lebensumständen, von dem eines anderen unterscheiden.

Eltern setzen ein Kind in die Welt. Das ist ein Anlaß zum Feiern. Wenn aber Eltern bemerken, wie sehr ein Kleinkind ihren Lebensstil verändert, können sie eine nagende Einsamkeit empfinden, die an ihnen zehrt. Der Gegenstand ihrer Energie, Zeit, Aufmerksamkeit und Freiheit hat sich von Grund auf geändert, noch während sie den neuen Familienzuwachs feiern.

Die Geburt eines weiteren Kindes. Dieser Anlaß stellt zusätzliche Anforderungen an die Eltern oder an die bereits vorhandenen Kinder, die sich oft fragen, ob sie ebensosehr geliebt werden wie das neue Baby, dem so viel Aufmerksamkeit gewidmet wird.

Körperbehinderung oder Krankheit in der Kindheit. Sie lösen bei den Eltern das Gefühl der Hilflosigkeit aus, ihr Kind vor Schmerzen zu bewahren. Ein Krankenhausaufenthalt kann qualvoll sein, sowohl für das Kind als auch für die Eltern, die von ihm durch Ärzte, Krankenschwestern, Vorschriften und die Maschinerie des Krankenhauses getrennt sind. Die Tatsache, daß Sie die Ereignisse nicht in der Hand haben, ruft das Gefühl der Einsamkeit hervor.

Das erste Kind kommt in die Schule. Die Eltern empfinden vielleicht Trennungsgefühle, selbst dann, wenn sie neue Lernerfahrungen freudig erregt miterleben. Sie spüren vielleicht, daß sie das Leben ihres Kindes nicht mehr ausschließlich beeinflussen. Die Gruppe der Gleichaltrigen und die Lehrer beginnen, einen nie mehr endenden Einfluß auszuüben, und es gibt keine Rückkehr in die frühe Kindheit.

Weiterführende Ausbildung. Jedes Fortschreiten, vom Kinderhort in den Kindergarten, vom Kindergarten in die Grundschule, über die höhere Schule zur Universität ist ein Glied in einer Kette zunehmender Unabhängigkeit. Die Eltern mögen Dankbarkeit dafür empfinden, daß ihre Kinder erwachsen werden; gleichzeitig kommt ihnen aber allmählich zum Bewußtsein, daß die Tage, in denen sie Kinder aufzogen, gezählt sind.

Heirat. Die erste Begegnung mit der Wirklichkeit in der Ehebeziehung löst Einsamkeit aus, wenn nicht alle Erwartungen, die Sie an die Ehe gestellt haben, erfüllt werden und das Bild, das Sie sich von Ihrem Ehepartner gemacht haben, nicht ganz Ihren Vorstellungen entspricht. Eine offene Begegnung mit der Einsamkeit und Enttäuschung kann der erste Schritt zur Verwirklichung einer realistischen, gesunden Partnerbeziehung sein.

Verlust von Freundschaften. Freundschaften wandeln sich durch geographische Entfernung, durch den Verlust gemeinsamer Bindungen oder Mißhelligkeiten.

Verlust der Arbeitsstelle. Arbeitslos sein kann einsam sein bedeuten, ungeachtet der Ursache.

Umzug. Ein Umzug in eine andere Stadt gilt allgemein als eines der traumatischsten Ereignisse im Leben des Menschen. Die Kinder müssen sich umstellen. Ein Ehemann mag in seiner neuen Beschäftigung aufgehen, während seine Frau allein ist und in einer ungewohnten Umgebung nach ihrer neuen Identität sucht.

Geburtstage. Das Alter, das der Geburtstag eines Erwachsenen bezeichnet, ist weniger von Bedeutung als die Tragweite, die er diesem Ereignis beimißt.

Schwere Krankheit. Die Krankheit macht uns bewußt, daß wir keinerlei Macht über Leben und Tod besitzen.

Unerfüllte Träume. Sie wecken ein erstes Bewußtsein dessen, was hätte geschehen können, wenn man sich anders entschieden hätte.

Erste Verabredungen der Kinder. Für die Eltern sind sie ein Anzeichen dafür, daß die Kinder ihr eigenes Leben führen werden. Die Eltern fragen sich, ob ihre Kinder darauf vorbereitet sind, ob sie alles getan haben, um sie darauf vorzubereiten, und ob die Kinder die Fehler, die sie selbst gemacht haben, wiederholen oder vermeiden werden.

Tod eines Haustieres. Der Tod eines Haustieres verstärkt oft das Gefühl der Einsamkeit, selbst bei Erwachsenen.

Hohe Erwartungen. Einsamkeit überkommt Sie, wenn Sie sich unverstanden fühlen oder Erwartungen in einer menschlichen Beziehung nicht erfüllt werden.

Klatsch. Wenn Sie zum ersten Mal bemerken, daß man Ihnen den neuesten Klatsch erzählt, ist dies ein erschreckend einsamer Augenblick.

Veränderungen in der beruflichen Laufbahn. Veränderungen in der beruflichen Laufbahn stürzen viele in Einsamkeit.

Selbsterkenntnis. Einsamkeit überkommt Sie, wenn Sie zum ersten Mal erkennen, daß Sie sich anders sehen als die anderen.

Überflügler. Wer seine beruflichen/finanziellen/gesellschaftlichen Ziele früh im Leben erreicht, fragt sich: „Wohin jetzt?“

Führungstätigkeit. Führungstätigkeiten und Positionen, die das Fällen von Entscheidungen erfordern, bergen Einsamkeit in sich.

Das Syndrom des leeren Nestes. Es tritt in Erscheinung, wenn die Kinder erwachsen sind. Zum ersten Mal seit über 20 Jahren bilden Sie und Ihr Ehepartner eine Familie für sich. Manche bereiten sich auf die Umstellung vor und freuen sich im voraus auf den Übergang. Andere sind von den folgenschweren Auswirkungen schockiert und befürchten, nichts mehr mit ihrem Partner gemeinsam zu haben. Die Kinder heiraten und/oder werden von ihrer beruflichen Laufbahn in Anspruch genommen. Es ist schwierig, Beziehungen auf der Erwachsenenebene neu herzustellen, wenn Sie Eltern sind, die ihr Leben über ihre Kinder gelebt haben. Jetzt sind Sie *auf sich selbst angewiesen!*

Scheidung. Eine Scheidung bringt ungeheures Leid, Verlustgefühle und Einsamkeit mit sich.

Großeltern. Wenn Sie Großmutter oder Großvater werden, stellen Sie fest, daß Ihre Kinder ihren eigenen Kindern mehr Zeit widmen als Ihnen. Die Weihnachtsfeiern finden jetzt vielleicht in ihren eigenen Häusern statt. Eine erfreuliche Tatsache vielleicht, dahinter aber steckt die Erkenntnis, daß das Leben weitergeht.

Freunde sterben. Gute Freunde sterben früher als erwartet.

Gesundheitliche Veränderungen. Solche Veränderungen führen zu der Erkenntnis, daß man noch eingeschränkter ist. Der Wunsch, sich selbst und anderen Ihre Jugendlichkeit zu beweisen, Träume zurückzuerobern oder sich erneut darauf zu besinnen, wie Sie Ihre Zeit verbracht haben, kann Sie begleiten, wenn Sie älter werden.

Das Bewußtsein, alt zu sein. Sie werden sich dessen zum ersten Mal bewußt, wenn Sie jemanden von den „alten Leuten" sprechen hören und Ihnen klar wird, daß Sie selbst dazugehören.

Ein Traumhaus. Einsamkeit kann Sie überfallen, wenn Sie in ein anderes Haus oder in eine neue Wohnung umziehen und Ihnen bewußt wird, daß das nicht alle Ihre Probleme löst.

Ehelosigkeit. Einsamkeit kann ein Problem für Sie sein, wenn Sie nicht heiraten und mit Enttäuschungen sowie den Erwartungen anderer und Ihrer selbst fertigwerden müssen.

Kinderlosigkeit. Unfreiwillig kinderlos zu bleiben, kann ein ausgesprochen niederdrückender Zustand sein.

Ein Jahr später. Am Jahrestag des Todes eines geliebten Menschen sind wir einsam.

Geburtstage. Wenn Sie spüren, daß Sie nichts zu feiern haben, können Geburtstage einsame Erlebnisse sein.

Unheilbare Krankheit. Einsamkeit kann aus dem Zusammensein mit einem Menschen erwachsen, der unheilbar krank ist. Sie können für ihn sorgen, aber das schafft den Schmerz nicht aus der Welt.

Besinnung auf den Glauben. Die erste und jede weitere tiefere Selbstbesinnung auf den Glauben ist bezeichnend dafür, daß Sie Mensch sind. Sie werden nicht auf jede Frage eine Antwort finden, auch haben Sie nicht alle Ereignisse in Ihrem Leben selbst in der Hand.

Ruhestand. Der Eintritt in den Ruhestand könnte, je nach den Umständen, Veränderungen Ihrer finanziellen, häuslichen oder wohnungsmäßigen Verhältnisse mit sich bringen.

Zweifellos gibt es noch weitere Erfahrungen, die Einsamkeit hervorrufen. Alte Alben ansehen, ein finsteres, verlassenes Haus betreten, sich auf der Autobahn verfahren — all dies sind Beispiele für Situationen, die Sie auf die einsame Seite Ihres Ichs zurückführen.

Diese Aufzählung mag Sie auf den ersten Blick zu der Annahme veranlassen, daß das Leben eine ununterbrochene Zeit der Verluste und der Einsamkeit sei. Zugegeben, das Leben stellt uns wirklich vor Probleme, die wir lösen müssen. Wenn Sie die Stadien des Lebens erkennen und lernen, die Einsamkeit, die Sie umgeben könnte, zu bewältigen, werden Sie frei, die Freude, Hoffnung und Erfüllung des Lebens zu erfahren. Darin liegt der Widerspruch der Erforschung Ihrer Identität als einer abgeschlossenen Persönlichkeit. Die innere Einkehr erhöht Ihre Fähigkeit, sich aufwärts und nach außen zu wenden.

Niemand ist immun

Viele Menschen glauben, daß die Einsamkeit nur andere überfällt und daß Erfolg, Heirat, finanzielle Sicherheit oder „etwas“ anderes im Gegensatz zum Einsamsein stehe. Die biblische Wahrheit offenbart jedoch, daß niemand gegen die Einsamkeit gefeit ist. Weder zu biblischen Zeiten noch im 20. Jahrhundert. Man könnte zahlreiche Beispiele untersuchen; eines der überwältigendsten Zeugnisse wird jedoch am Leben zweier außerordentlich verschiedener Menschen offenkundig — Jesus und Judas. Wir glauben häufig, daß Menschen, die in der Öffentlichkeit stehen, vor der Angst der Einsamkeit verschont bleiben, weil sie von Menschen umgeben sind. Doch jeder, der eine verantwortungsvolle Stellung innehat oder feste Überzeugungen manifestiert, muß über die Einsamkeit des Daseins nachdenken.

Matthäus schreibt, daß Judas die 30 Silberlinge nach dem Tod Jesu an den Hohenpriester zurückgab. Wie er sagt, hatte dieser einen Unschuldigen verurteilt. Judas, der Verräter, warf das Geld in den Tempel, ging hin und erhängte sich (Matth. 27, 3—5). Seine Bedrängnis und seine Reue trieben ihn zur Selbstvernichtung. Judas wurde von allen Seiten verurteilt und verstoßen. Die Hohenpriester vertrauten ihm nicht, sie benutzten ihn als Mittel zum Zweck. Die anderen Jünger verurteilten ihn. Er kannte Mißverständnis und Gram, aber Judas traf auch seine Entscheidungen und zog die Konsequenzen. Der Eine, der ihm vergeben konnte, war jener, zu dessen Hinrichtung er verholfen hatte. Obwohl er hätte versuchen können, Verzeihung zu erlangen, entschied er sich für den Selbstmord. Nur wenige sind imstande, die ständige Folter der Verdammung zu ertragen, wie richtig oder falsch ihr Kampf auch sein mag. Niemandem erschien Judas liebenswert oder willkommen, am wenigsten sich selbst.

Auch Jesus war die Einsamkeit nicht unbekannt. Seine Sendung und Bestimmung ersparten ihm die Bürde des Leidens nicht. Er begab sich mit seinen Jüngern zum Ölberg, denn die Stunde seiner Kreuzigung nahte (Luk. 22, 39—51). Er betete, daß, wenn es einen Weg gäbe, Gottes Willen zu erfüllen, ohne den herannahenden Ereignissen zu begegnen, Gott „diesen Kelch vorübergehen" lassen möge. Er, der gerechte Messias, kehrte vom Gebet zurück, um seine Jünger schlafend zu finden, kehrte zurück in die Einsamkeit, in der er mißverstanden und an ihm gezweifelt wurde, in der er Schmähungen durch körperliche Mißhandlungen und durch Worte erlitt und durch einen Kuß verraten wurde. Jesus konnte die Einsamkeit verstehen, weil er sein ganzes Leben hindurch mit ihr gelebt hatte. Lesen Sie die Heilige Schrift, und Sie werden erkennen, daß Jesus seine eigenen Kämpfe durchstand. Von der Geburt bis zum Tod wußte er, daß niemand als der Vater ihn wirklich verstand.

Jesus und Judas waren zwei Menschen mit unterschiedlichen Zielen. Jener kam, die Welt zu erlösen, dieser, um ein Verräter zu werden. Beide kämpften, doch für verschiedene Ziele; beide fühlten sich im Stich gelassen. Keiner von ihnen wurde von seinen vertrautesten Mitmenschen verstanden, beide litten, beide mußten sich entscheiden, wie sie der Angst in der Einsamkeit begegneten. Der eine sah ein, daß man einen anderen nicht vernichten kann, ohne sich selbst zu vernichten. Der andere entschied sich für den Kreuzweg und das ewige Leben.

Der Prophet Jesaja und Johannes der Täufer wiederholen die Worte: „Bereitet den Weg“ (Jes. 40, 3; Matth. 3, 3). Wenn wir lernen, die kleinen Sorgen zu meistern, bereiten wir uns damit gleichzeitig darauf vor, die äußersten, schmerzlichsten zu bewältigen. Jesus war vorbereitet. Er betete und trauerte, wenn Freunde starben. Er litt um Ungläubiger willen. Er wußte, was Ablehnung heißt. Sein ganzes Leben war Vorbereitung, so daß er im letzten Augenblick dem nächsten Übergangsritual entgegentreten konnte.

Dag Hammarskjöld sagt in „Zeichen am Weg“: „Bete, daß deine Einsamkeit der Stachel werde, etwas zu finden, wofür du leben kannst, und groß genug, um dafür zu sterben[1].“ Jeder von uns lebt in unterschiedlichem Maß und mehr oder weniger intensiv mit der Einsamkeit, eine abgesonderte Persönlichkeit zu sein, und ist aufgefordert, sich den Erfahrungen des Lebens zu stellen. Wie leben Sie mit den kleinen Sorgen Ihres Lebens?

Sie leben Ihre Einsamkeit

Beantworten Sie die folgenden Fragen im Laufe des Tages oder der Woche aus Ihrer eigenen Erfahrung:

1. Verfolgen Sie Ihren Tagesablauf in dieser Woche. Wie reagieren Sie auf jeden großen oder kleinen Verlust, den Sie erfahren?
2. Führen Sie Ihre eigenen Übergangsrituale auf, die nicht unter den Beispielen waren. Wie haben Sie sich bislang mit Verlusten auseinandergesetzt? Hat Ihr Vorgehen sich mit den Erfahrungen geändert?

---

1 Dag Hammarskjöld, Zeichen am Weg, © München/Zürich, 1967.

3. Erfahrung und Dasein

Der Brief stammte von einer Frau Anfang 30. Sie wohnte in einer Vorstadtgemeinde, umgeben von Nachbarn und dem modernsten Komfort, und sie beachtete die vorgeschriebenen Verhaltensmaßregeln. Die Menschen um sie herum schienen glücklich zu sein, oder zumindest trugen sie diese Maske. Da sie unfähig war, sich in der Gegenwart anderer spontan und ungezwungen zu geben, genoß sie selten vertrauten Umgang. Ihre Beziehungen waren oft mehr unpersönliche Bekanntschaften als Verbindungen von Bedeutung.

In ihrem Brief berichtete sie über sich selbst und die Isolation ihres Daseins:

> Ich bin die Einsamkeit des Lebens so leid. Ich frage mich, ob irgend jemand weiß, was es heißt, so zu leiden. Ich umgebe mich mit Menschen, nur um das alte Klischee des „Einsamseins in einer Masse" zu erleben. Ich versuche zu schlafen, aber mein Kopf zerspringt vor Kopfweh. Ich weiß, daß mein Mann und meine Kinder schlafen; ich höre das Geräusch und den Rhythmus ihres Atmens. Meine Familie versteht mich nicht. Sie glauben, mich zu verstehen, aber das beruht auf Ansichten und Äußerungen meinerseits, die lange zurückliegen.
>
> Was ich am meisten brauche, ist akzeptiert zu werden, wie ich bin, als die, die ich bin. Aber ich weiß nicht einmal, wie ich bin. Ich empfinde mich als eine Summe der Rollen, die ich ausfülle. Ich frage mich, ob ich überhaupt eine Identität besitze, außer der der Ehefrau, Mutter, Chauffeurin und Köchin. Es ist so schwer, mein Leben anzunehmen, wie es ist. Ich werde immer unaufhörlich kämpfen müssen, um Problemen die Stirn zu bieten, mich selbst kennenzulernen und für meine Überzeugungen einzutreten.
>
> Ich bin diese quälende Einsamkeit so leid. Ich fürchte sie, aber anscheinend kann ich diese Gefühle nicht durch Essen, Schlafen oder Termineplanen unterdrücken. Ich muß mich für das Leben entscheiden. Ich kann die Auseinandersetzung mit der Angst, zwischen verschiedenen Entscheidungen zu schwanken, nicht länger

> hinausschieben. Meine Erziehung hat mich in keiner Hinsicht auf die unendliche Einsamkeit, die es im Leben gibt, vorbereitet. Keine noch so große Sicherheit kann schmerzhafte Erfahrungen ausmerzen. Warum hat man mich nie gelehrt, aus der Einsamkeit zu lernen? Ich habe nur gelernt, sie zu fürchten.

Sie hatte diesen Brief an sich selbst geschrieben. Statt sich schlaflos herumzuwälzen, schrieb sie lieber ein Tagebuch ihrer Gefühle. Als ihre eigene Maske fiel, sah sie ein, daß sie nicht immun ist gegen die Einsamkeit, die ein Teil des Daseins ist. Die Gesellschaft mag erfolgreiche Menschen belohnen, aber selbst der Erfolg ist kein Allheilmittel gegen die Einsamkeit.

Zwei Formen der Einsamkeit

Es gibt zwei Formen der menschlichen Gemütsverfassung, die wir Einsamkeit nennen: die Einsamkeit, die aus dem Dasein erwächst, und die Einsamkeit, die aus den Lebenserfahrungen hervorgeht. Die existentielle Einsamkeit beginnt bei der Geburt. Nicht als das Ergebnis dessen, was jemand tut, sondern als eine Bedingung der Tatsache, am Leben zu sein. Das ursprüngliche Bewußtsein der Trennung von Gott, von anderen, von sich selbst, wurzelt im christlichen Verständnis der Sünde.

Das Tagebuch einer einsamen Frau schildert die Beschaffenheit des Daseins. Sie brauchte Mut, um sich ihrer fundamentalen Einsamkeit zu stellen. Sie erwähnte Wege, die sie beschritten hatte, um ihren Gefühlen zu entfliehen, lernte aber, daß sie das nur anderen Menschen und sich selbst entfremdete. Ja, es schien sie ihren eigenen Gefühlen gegenüber abzustumpfen. Ihr Beschluß, sich ihrer eigenen Angst zu stellen, war der erste Schritt zur Förderung ihrer eigenen Entwicklung, Sensibilität und Kreativität.

Einsamkeit kann die Entwicklungsphasen unseres Lebens von unserem üblichen Dasein abheben. Die tiefgreifendsten Lebenserfahrungen sind ausschließlich Ihre Erfahrungen, mit denen Sie leben, sich auseinandersetzen, und denen Sie einen Sinn geben müssen.

„Ich fühle mich selten ausgesprochen einsam", sagte mir eine Freundin, aber sie beschrieb eine Episode im Krankenhaus, als dies der Fall gewesen war.

„Ich hatte eine Freundin, die mit 30 Jahren an Krebs starb. Man stellte es zwei Jahre vorher fest und nahm eine Brustamputation vor. Ich kann mich noch an das Gespräch erinnern, das wir nach der Diagnose führten.

»Ich habe entsetzliche Angst«, hatte Carrie gesagt. »Meine erste Reaktion auf die Diagnose war, daß ich es nicht glaubte. Wieso denn *ich?* Ich bin im sechsten Monat schwanger und habe das ganze Leben noch vor mir. Warum? Wie könnte ich jetzt Krebs haben?«

Ihre Augen suchten in den meinen nach einer Antwort, oder wenigstens nach einer Entgegnung, und ich sagte: »Es tut mir leid.« Ich wünschte, ich hätte es dabei bewenden lassen, aber ich setzte schnell hinzu: »Ich verstehe.«

»*Verstehen?* Wie kannst *du* verstehen?« fuhr Carrie auf. »Du bist gesund und stark, du kannst morgens aufwachen, ohne dich zu fragen, wie weit dein Körper über Nacht wieder zerfressen worden ist. Dir wird nichts wegoperiert. Wie kannst du verstehen?«

Ich sah ein, wie recht sie hatte. Es bedrückte, es quälte mich innerlich. Aber ich konnte nicht verstehen, nicht wirklich. Ich wußte nicht, wie das war. Nach meinem Besuch bei Carrie fuhr ich an den Strand. Als ich im Sand dahinging, liefen mir die Tränen über das Gesicht. Wellen brachen sich am Ufer, und ich fühlte mich unendlich einsam. Ich hatte meine Freundin nicht trösten können. Ich konnte nicht einmal meine eigene Reaktion verstehen.

Gegen Abend verfärbte sich der Himmel in tiefen Rosa-, Purpur- und Goldtönen. Die Sonne nahm Abschied. Aufs neue schnitten mir die Qualen der Einsamkeit ins Herz. Manche Dinge kann nur mein innerstes Ich erleben: die Angst vor Krebs, den Tod eines geliebten Menschen, die Geburt eines Kindes, ja selbst die Schönheit und Rätselhaftigkeit eines Sonnenuntergangs.

Ich empfinde nicht oft ausgesprochene Einsamkeit. Aber jetzt verstehe ich sie. Denn ich habe sie kennengelernt.“

Den Verlust eines anderen verstehen

Es ist beunruhigend zu verfolgen, wie ein anderer Mensch der Einsamkeit begegnet. Wenn Sie einen Freund haben, den einsames Leid überkommt, versuchen Sie oft, ihm Auswege zu zeigen, wie er ihm entrinnen kann. Vielleicht versuchen Sie, ein hektisches, geselliges Leben zu organisieren, ihn mit vielen Menschen zu umgeben oder ihn durch Gespräche aus seiner Depression herauszureißen. Jedenfalls finden Sie es, da Sie sich in Ihrer eigenen Einsamkeit unbehaglich fühlen, schwierig, einem anderen die seine zuzugestehen. Im Grunde genommen tragen Sie zu der Einsamkeit und Selbstentfremdung Ihres Freundes bei, indem Sie ihm zu verstehen geben, daß seine Gefühle unerwünscht sind. Da Sie Ihr eigenes Leid für zerstörerisch halten, wollen Sie nur allzuoft das „Opfer“ voreilig retten.

Wenn Sie den Wert der Einsamkeit nicht erkennen, werden Sie nicht verstehen, daß die richtige Lösung darin besteht, sie anzunehmen und sich ihr zu stellen. Nur indem Sie mit ihr leben, können Sie lernen, die inneren Kräfte zu entwickeln, die Sie in ein kreatives Erlebnis verwandeln.

Ein Geistlicher hatte einen Jagdunfall, durch den er auf dem rechten Auge blind wurde. Während er sich von dem Einsetzen eines Glasauges erholte, empfand er zutiefst den Verlust und die Einsamkeit des Unverstandenseins. Andere Geistliche, Freunde und Mitglieder seiner Gemeinde konnten es nicht ertragen, ihn so trübsinnig zu sehen. Daher sagten sie ihm, es sei Gottes Wille, es würde alles gut werden, und es hätte schlimmer kommen können. Niemandem schien wohl dabei zu sein, wenn er seine wirklichen Gefühle äußerte. Daher unterdrückte er sie und fühlte sich immer mehr als eine Last. Eines Tages erhielt er einen Brief von einem Geistlichen aus einem anderen Staat. Der Inhalt war kurz und schlicht: „Ich habe gehört, daß Sie ein Auge verloren haben. Es ist einfach eine Schande. Es tut mir leid." Das war alles, aber es brach den Damm aufgestauter Gefühle. Die Tränen strömten. Endlich konnte er weinen, weil ein anderer seinen Verlust verstand.

Bei dem Versuch, die Furcht vor der Einsamkeit zu überwinden, können Sie in die Extremreaktion umschlagen, vor der Realität zu fliehen. Das Davonlaufen vor sich selbst mit überbesetzten Terminkalendern, Selbstvorwürfen oder einer verzweifelten Suche nach Beziehungen, kann Minderwertigkeitsgefühle erzeugen. Schließlich können Sie eine persönliche Identität entwickeln, die nicht von der Wirklichkeit bestimmt ist. In solch einem Fall kann eine geringe Selbstachtung Sie dazu veranlassen, die Wünsche und Erwartungen anderer über Ihre eigenen zu stellen. Ihre Identität gerät dann dermaßen in Unordnung, daß nicht nur Ihre Bedürfnisse denen anderer untergeordnet sind, sondern Ihnen möglicherweise auch das Verständnis für das entgleitet, was Sie wirklich brauchen. Es wird zu einem selbstzerstörerischen Teufelskreis. Das Davonlaufen vor unbehaglichen Gefühlen führt zu einem Identitätsverlust, der Sie wiederum von sich selbst, von anderen Menschen und Gott trennt.

Der verlorene Sohn

Nirgends wird dies deutlicher als in dem Gleichnis vom verlorenen Sohn (Luk. 15, 11—24). Die Folgen der Einsamkeit zeigen sich im Leben aller Beteiligten.

Zu Beginn des Gleichnisses äußert der jüngere Sohn eindeutig seine Unzufriedenheit über die Grenzen, die seinem Leben gesetzt sind. Er will der übrigen Welt angehören und nicht mehr unter der Aufsicht seines Vaters stehen; daher verlangt er von ihm seinen Anteil des Erbes. Wahrscheinlich wollte er alles, was ihm nach dem Tod des Vaters gehören würde. Überraschenderweise gewährt ihm der Vater seinen Wunsch, und sein jüngerer Sohn geht fort, um ein Leben anderen Stils zu führen. Er ist jedoch nicht darauf vorbereitet, dem Leben, wie es wirklich ist, ganz und gar zu begegnen.

Der Sohn, der glaubte, jedes Hindernis überwinden zu können, sieht ein, daß er letztlich nur ein Mensch ist. Tatsachen sind unbestechlich. In relativ kurzer Zeit ist er mittellos und gezwungen, die Schweine eines anderen zu füttern, um zu überleben. Selbst die Arbeiter seines Vaters haben es besser! Von seiner Suche nach vollkommener Freiheit und Unabhängigkeit kehrt der Verschwender heim und erstrebt den Stand eines Tagelöhners und völlige Abhängigkeit. Jetzt will er der Autorität dienen, die er zuvor ablehnte. Unbefriedigt von dem, was er vorher war, möchte er nun eine ebenso unrealistische Rolle wahrnehmen. Von der Vorstellung, alles zu können, verlegt er sich auf den Gedanken, daß er es verdiene, nichts zu tun. Es zieht ihn in genau entgegengesetzte Richtungen, ohne daß seine Persönlichkeit einem dieser Extreme entspräche.

Da folgt die nächste Überraschung. Der Vater, der ihn liebt und weise genug ist, um seinen Sohn seine Lehrjahre selbst erfahren zu lassen, auch die leidvollen, weigert sich nun, sich beeinflussen zu lassen. Seinem Sohn ist eine Lehre über seine Grenzen erteilt worden. Er wird sie nicht untergraben, indem er seinen Sohn als schwaches Kind behandelt, das unfähig ist, Entscheidungen zu treffen. Der verlorene Sohn wird durch einen Vater, der ihn aufnimmt, aufgefordert, in seiner Persönlichkeit zu reifen. Denken Sie nur an die tiefgreifenden Folgen. Für einen Fehler bestraft zu werden, ist manchmal leichter, als verständnisvoll aufgenommen zu werden. Der Vater liebt bedingungslos. Folglich muß der Sohn, der von sich, seiner Familie und Gott entfremdet ist, sich erforschen und erkennen, wer er ist, welche inneren Anlagen er besitzt und wie er mit der Einsamkeit in seinem Leben fertigwerden kann.

Wenn Sie einsam sind, können Sie nicht auf einen anderen Menschen eingehen, solange Sie nicht zunächst selbst daraus gelernt haben. Sie können die Ihnen eigene Einmaligkeit nicht schätzen, wenn Sie vor Ihren Gefühlen davonlaufen. Sie können keine engen Beziehungen zu Menschen oder zu Gott pflegen, solange Sie sich nicht die Zeit nehmen, über Ihre eigenen Grenzen und Möglichkeiten zu lernen. Entfremdung ist der Preis für die Flucht vor der Wirklichkeit. Jeder von uns packt seine Koffer für die Reise durchs Leben, und wir sind für unsere Entscheidungen auf diesem Weg verantwortlich. Was für ein Gepäck führen Sie mit sich?

Sie leben Ihre Einsamkeit

Beantworten Sie die folgenden Fragen im Laufe des Tages oder der Woche aus Ihrer eigenen Erfahrung.

1. Was erschreckt Sie daran, wenn Sie an Ihre eigenen Zeiten der Einsamkeit denken?
2. Wo liegen Ihre Grenzen und Ihre Möglichkeiten?

4. Alleinsein und Einsamsein

Die Kehrseite des Wunsches, Beziehungen zu Menschen zu unterhalten, enthält ihre eigene Wahrheit. Jeder hat Zeiten, zu denen er das Alleinsein braucht. Die meisten erkennen dieses Bedürfnis leichter an sich als an anderen Menschen. Wenn ein Freund oder Angehöriger zu einer Zeit allein sein will, da es Ihnen anders lieber wäre, können Sie Schuldgefühle auslösen. Wenn Sie einem Menschen verweigern, seinem eigenen Bedürfnis nach Zurückgezogenheit nachzukommen, beweist dies, daß die Beziehung nur dazu da ist, Ihre eigenen Bedürfnisse zu befriedigen. Der andere fühlt sich ständig beeinflußt und als Persönlichkeit nicht anerkannt.

Wenn Sie das Alleinsein als unangenehm empfinden, fällt es Ihnen vielleicht schwer, denen, die Ihnen besonders nahe stehen, dieses Privileg zuzugestehen. Doch alle Menschen brauchen einen Ausgleich in ihrem Leben — Zeiten, in denen sie allein sind, und Zeiten, in denen sie mit anderen Menschen zusammen sind. Die meisten Menschen leben eher in einem dieser beiden Extreme, als sie gegeneinander auszugleichen. Entweder suchen sie sich ständig mit Menschen zu umgeben und opfern damit ihr Alleinsein, oder sie schwelgen im Alleinsein und scheuen sich, Risiken mit anderen Menschen einzugehen.

Das Zusammensein mit anderen Menschen dient nicht immer dem Zweck, ein Bedürfnis nach Gemeinschaft zu befriedigen. Manchmal benutzen wir Beziehungen als eine Ausflucht. Die Frage ist, ob Sie sich davor fürchten, mit sich allein zu sein oder nicht. Freunde, die Sie haben, werden nicht immer als Prellbock zwischen Ihnen und der Einsamkeit dienen. Es kann sein, daß Sie in einem Teil Ihrer selbst einsam sind, der noch nicht an die Oberfläche gedrungen ist. Alleinsein kann Ihnen eine Gelegenheit bieten, sich auf sich selbst einzustimmen. Es kann eine Zeit sein, in der Sie neue Gedanken, Ideen und Gefühle in sich aufnehmen. Die Ausbildung Ihrer Persönlichkeit findet nicht von heute auf morgen statt.

Leider haben die meisten Ehepaare nicht gelernt, das Bedürfnis nach Zurückgezogenheit zu tolerieren. Nur eine reife Ehebeziehung läßt einem Partner die Freiheit, Zeit für sich allein zu beanspruchen, ohne daß der Ehegatte es als Ablehnung auslegt. Daher entschuldigt man sich nach einer Auseinandersetzung oft, allein sein zu wollen. Unbewußt oder bewußt führt man einen Streit herbei, um körperlich oder gefühlsmäßig Abstand zu gewinnen. Wieviel gesünder wäre die Beziehung, wenn jeder das Bedürfnis, allein zu sein, äußern könnte, wenn es vom anderen als selbstverständlich respektiert und angesehen würde und beide sich dann entgegenkämen, so daß den Bedürfnissen jedes Partners entsprochen würde.

So berichtete ein Mann: „Meine Frau ist jedesmal verletzt, wenn ich Zeit für mich in Anspruch nehme. Sie wirft mir vor, sie nicht zu lieben. Weil ihr Vater niemals etwas unternahm, ohne daß ihre Mutter dabei war, glaubt sie, mein Bedürfnis sei unnatürlich und unangebracht. Dabei will ich nur Zeit haben, um allein zu sein und nachzudenken. Ich möchte wissen, ob sie verrückt ist — oder bin ich es?"

Die Begegnung mit der Angst

Das Alleinsein ist nicht nur ein Problem für Verheiratete. Oft wird das Bedürfnis, allein zu sein, von intensiven Gefühlen unterdrückt. Nach einer Scheidung oder Trennung kann die Einsamkeit schmerzlich an das Ende einer Beziehung erinnern. Schließlich wird die Angst vor dem Alleinsein von dem Bedürfnis nach Selbstbegegnung abgelöst. Die Neugestaltung des Lebens nach einer Scheidung oder einem Todesfall ist mühsam und kann zwei Jahre in Anspruch nehmen. Es ist nur zu hoffen, daß der Mensch auf die Angst vor dem Alleinsein nicht vorschnell reagiert und sich in eine verfrühte enge Beziehung stürzt. Manche hoffen, daß das ein Allheilmittel sein wird, es schiebt aber die Auseinandersetzung mit der Einsamkeit nur auf. Früher oder später dringt der Schmerz an die Oberfläche, und es bleibt kein anderer Ausweg, als ihn durchzustehen. Die Aufgabe, das Leben ohne seinen Gefährten neu zu gestalten, erfordert Zeiten der Einsamkeit, die notwendigerweise schmerzhaft sind. Der einzige Weg, selbständig zu werden, besteht darin, sich den Ängsten zu stellen.

So entgegnete mir eine Frau: „Ich hasse es, durch mein leeres Haus zu gehen. Das bringt mir meine Bedürfnisse nur noch deutlicher zum Bewußtsein. Aber ich weiß, daß ich nicht ständig in der Angst davor leben kann, nach Hause zu gehen. Und ich habe nicht die Energie, mir für jeden Abend in der Woche etwas vorzunehmen."

Alleinsein ist nicht dasselbe wie Einsamsein. Manche Menschen sind dermaßen in hektische Terminpläne eingespannt, daß sie, wenn man sie fragt, ob sie jemals einsam sind, mit Überraschung reagieren. Nicht selten belustigt, erklären sie, daß sie keine Zeit haben, einsam zu sein. Möglicherweise sehnen sie sich danach, Zeit zu haben, um allein zu sein, aber Einsamkeit ist ein Gefühl, das sich ihnen vielleicht entzieht. Es könnte sein, daß diese Menschen ihre Geschäftigkeit als Mittel dazu benutzen, nicht mit sich selbst allein zu sein.

Schauen Sie sich um. Unsere Gesellschaft mißbilligt die Selbstbetrachtung. Noch nie ist ein Kind dadurch bestraft worden, daß man es in eine Menschenmenge schickte. Häufiger heißt es dagegen: „Geh auf dein Zimmer." Was unmißverständlich besagt, daß Alleinsein Strafe und Ablehnung bedeutet. Wir leben in einer Welt, in der das Prinzip der Gemeinsamkeit vorherrscht. Alleinstehende sehen sich tagtäglich mit dem Anblick eines Abendessens im Familienkreis vor dem Fernsehschirm, mit „Grüßen von uns beiden" und dem Gemeinschaftssinn konfrontiert. Das soll keine Kritik an der Anpassung oder am Zusammengehörigkeitsgefühl sein. Es soll nur zu erkennen geben, daß wir in einer Gesellschaft leben, die das Alleinsein verübelt, und das, obwohl der Mensch eine gewisse Zurückgezogenheit für sich braucht. Wer sie nicht kennt, ist oft einsamer als der, der beschließt, sich die Zeit, allein zu sein, einfach zu nehmen.

Offenbar ist die Fähigkeit, allein zu sein, von Fall zu Fall verschieden. Ich habe eine Freundin, die Tag für Tag arbeitet und jeden Abend beschäftigt ist. Und doch ist sie ein sehr einsamer Mensch. Eine andere Freundin wohnt allein in einem Haus, genießt aber das Alleinsein nach einem hektischen Tag im Büro. Manche Menschen fühlen sich am einsamsten, wenn sie mit ihrer Familie im Urlaub sind. Ich war bei verschiedenen Familien, die die Weihnachtstage zusammen verbrachten, aber statt eines herzlichen Gefühls kommt in ihnen das Gefühl der Isolation, der Einsamkeit und des Abgeschnittenseins von sich selbst auf.

Eine Frau beschrieb Weihnachten als den „unglücklichsten Tag meines Lebens. Die Menschen sind zusammen und tun, als ob sie fröhlich seien, dabei toben tief in ihrem Innern andere Gefühle. An dem Weihnachtsfest nach dem Tod meiner Großmutter gab jeder vor, glücklich zu sein, weil man eben davon ausgeht, daß Weihnachten ein fröhliches Fest ist. Und doch vermißte jeder von uns diese Frau, die jahrelang Weihnachten mit uns verbracht hatte. Ich fühlte mich so einsam, so falsch. Es wäre viel einfacher gewesen, wenn wir über unsere Traurigkeit hätten sprechen können, statt sie durch Heuchelei zu unterdrücken".

Die Lebensumstände, Ihre Umgebung, Ihre Auffassung von sich selbst — so viele veränderliche Faktoren beeinflussen Ihre Reaktionen auf Einsamkeit und Alleinsein. Von der Kindheit an lernen Sie, sich anzupassen. Wie Sie Krisen und Isolation als Erwachsener meistern, hängt weitgehend davon ab, wie Sie als Kind reagierten. Damals wie heute wurden Sie darüber belehrt, was

Vertrautheit und Ablehnung bedeuten, und wie man mit unangenehmen Gefühlen fertig wird. Ein Professor für Entwicklungspsychologie drückte es so aus: „Wir nehmen zu Unrecht an, daß wir den Reaktionen der Kindheit entwachsen werden. Glauben Sie nicht, daß, wenn Sie als Kind mürrisch waren und keinen Sinn für Humor besaßen, dies in Ihrem Dasein als Erwachsener anders wird. Sie werden wahrscheinlich noch als 80jähriger humorlos sein. Im Alter werden sich all Ihre Eigenschaften nur deutlicher ausprägen! Kurz, wenn Sie mit zehn Jahren ein kratzbürstiger kleiner Balg waren, werden Sie als alter Mann oder alte Frau nur noch kratzbürstiger sein! Wir neigen dazu, unsere Eigenschaften mit der Zeit zu „steigern".

Eine positive Einschätzung des Alleinseins

Sie *können* Ihre Verhaltensweisen und Einstellungen ändern, aber oft geschieht dies erst als Folge eines tiefgreifenden Erlebnisses. Die Einsamkeit kann Ihnen eine günstige Gelegenheit bieten, sich zu prüfen und zu beschließen, was Sie ändern wollen. Die Einsamkeit selbst ist *keine* Antwort; sie ist nur ein Teil Ihrer Entwicklung.

Ein Mensch, der als Kind ein positives Selbstgefühl besaß, wird als Erwachsener Zeiten des Alleinseins eher konstruktiv nutzen können. Es können produktive Zeiten sein. Ja, es können Zeiten sein, in denen Sie sich mit sich allein sehr wohl fühlen. Eine positive Einschätzung des Alleinseins gewinnen Sie jedoch nicht über Nacht. Sie beginnt mit Ihrem Verständnis dessen, was Sie in Ihrer Familie lernten. Jane zum Beispiel, eine Frau in den 30ern, erinnerte sich, daß ihre Eltern sie „erzogen", indem sie nicht mit ihr sprachen, wenn sie gegen ein Familiengebot verstoßen hatte. Wenn sie zu spät von einer Verabredung zurückkam, wurde sie von ihren Eltern schweigend empfangen. Für Jane war das Alleinsein eine Form stillschweigender Ablehnung.

In einem anderen Fall entsann sich Frank, daß in seiner Familie das Motto „Frieden um jeden Preis" herrschte. Er rief sich Anlässe ins Gedächtnis zurück, bei denen er sich von seiner Familie zurückzog, um mit Zorngefühlen fertigzuwerden. Da er nicht dazu ermutigt wurde, seine Gefühle auf natürliche Art und Weise mitzuteilen, lernte er, daß unangenehme Gefühle etwas Schlechtes waren, über das man nicht sprach. Als Erwachsener verbindet er mit dem Alleinsein die Vorstellung von Depressionen und unliebsamen Gefühlen. Und so stellte er sich als Kind das Erwachsenwerden vor. Er richtete seinen ganzen Zorn gegen sich selbst. Mithin war er vielfach allein, deprimiert.

Ein anderer Mann erinnerte sich seiner Eltern als Menschen, die ihn förderten. „Sie waren ebensogern zusammen wie allein. An ihrem Beispiel lernte ich, daß Alleinsein nicht Ausgestoßensein bedeutet. Oft entscheidet man sich von sich aus dafür, allein zu sein und nutzt seine Zeit damit fruchtbar.“

Was wurden Sie in der Kindheit gelehrt? Rita, eine Frau Anfang 20, erinnerte sich, was ihre Mutter zu ihr sagte, bevor sie ihr erstes Studiensemester antrat. „Ich bin froh, daß du diese Möglichkeit hast, aber ich fürchte mich davor, allein zu bleiben.“ „Allein“, das hieß, daß sie eine Abtrünnige und für die Traurigkeit ihrer Mutter verantwortlich war. Heute hat Rita einen Universitätsabschluß erreicht und stellt die Erwartungen von Freunden, Kollegen und ihrer Familie über die eigenen. Selbst wenn sie bereits etwas geplant hat, verzichtet sie darauf, wenn jemand sie für etwas anderes braucht. Die Erfahrung des Alleinseins ist in ein Schuldgefühl umgesetzt worden, das der Zeit, die sie eigenen Interessen widmet, übergeordnet ist.

Eine Rücksprache mit den Eltern jedes einzelnen würde wahrscheinlich zeigen, daß sie eine andere Vorstellung vom Familienleben hatten als ihr Kind. Wichtig ist, daß man den Eltern nicht ständig Vorwürfe macht. Die meisten leben auf der Grundlage dessen, was man sie lehrte, als sie in *ihren* Familien aufwuchsen. Sobald Sie Ihre eigenen Empfindungen verstehen, ist es nur ein Mittel, sich vor der Verantwortung für Ihr Leben zu drücken, wenn Sie Ihren Eltern Vorwürfe machen. Entdecken Sie die Erfahrungen Ihrer Kindheit als eine Möglichkeit, zu beginnen, sich selbst in den Zeiten Ihres Alleinseins zu bestätigen. Es wäre verfehlt, diese Erfahrungen in Kategorien von richtig und falsch einzuordnen. Empfindungen sind wirklich und nicht richtig oder falsch. Es bedarf keines Werturteils, um Ihre Gefühle zu rechtfertigen.

Wenn Sie Ihre Ängste nach und nach in eine positive Einschätzung Ihrer Einsamkeit umsetzen, können Sie Zeiten, in denen Sie mit sich allein sind, nutzen, um Ihren Fragen nachzugehen. Die Menschen suchen oft ruhelos nach *Antworten* auf die Frage nach dem Sinn ihres Lebens, doch befragen sie Menschen, alle möglichen Stellen und Bücher, ohne zunächst einmal zu wissen, *welche* Fragen sie haben. Wer sich mit der Einsamkeit nicht angefreundet hat, verlangt sofort Antworten. Wenn Sie allein sind, können Sie sich Ihrem innersten Selbst widmen und die Fragen Ihres Lebens kennenlernen.

Wenn Sie Ihr Alleinsein nicht produktiv nutzen, brennen Sie auf die Antworten anderer. Sie werden allzu abhängig, klammern sich an andere und lassen sich leicht ausnutzen. Sie lernen, andere Menschen zur Erfüllung Ihrer eigenen Wünsche und Bedürfnisse zu benutzen.

Wenn das Alleinsein für Sie nach und nach ein Zeitabschnitt werden kann, der dazu dient, das, was Sie bereits kennen, zu durchdringen, wächst Ihre Fähigkeit, Beziehungen zu pflegen. Das Verhältnis zu einem Menschen beinhaltet dann die Achtung vor individuellen Bedürfnissen, ein Wissen um den Gewinn, den Stunden der Einsamkeit bringen, und gleichzeitig eine größere Fähigkeit zu vertrautem Umgang mit anderen. Dann können Sie das Alleinsein als eine Möglichkeit, sich fortzuentwickeln, schätzen.

Das braucht Zeit. Überwältigendes Alleinsein in Zeiten persönlicher Abgeschlossenheit zu verkehren, ist ein Vorgang, der ein Leben lang dauert. Oft scheint es unerreichbar, in Tagen, Wochen, Monaten tiefen Leidens. Aber wenn Sie die Einsamkeit einmal erfahren haben, wird Sie die Bedeutung, die sie für Sie hat, veranlassen, Ihre Suche fortzusetzen.

Abgeschlossenheit und Alleinsein. Es sind nur Worte, aber die Botschaft, die sich dahinter verbirgt, weist auf einen tieferliegenden Weg, Beziehungen zu pflegen. Eine der anschaulichsten Analogien liegt vielleicht in der Bedeutung der Freundschaft. Zuweilen sehe ich einen Freund deutlicher vor mir, wenn er nicht anwesend ist. Die physische Gegenwart steht den Möglichkeiten einer Beziehung häufig im Wege. Es könnte sein, daß ich die innere Schönheit und das Wesen eines Freundes nicht erkenne, während ich mit ihm zusammen bin, weil ich zu sehr damit beschäftigt bin, meine eigene Verletzlichkeit abzuschirmen. In der Entfernung ist man allein, um hinter die Schranken in das Herz des anderen zu schauen. Sie erinnert uns daran, daß die Beziehung zu ihm ein Geschenk ist.

Einsamkeit kann unsere Fähigkeit, auf andere einzugehen, steigern. Jesus zögerte nicht, sich von der Menge zurückzuziehen, wenn ihn danach verlangte. Er entfernte sich regelmäßig von seinen Jüngern, um mit sich allein zu sein und zu Gott zu beten. Er gab das eindrucksvollste Beispiel des Alleinseins. Selbst wenn ihn die Menschen nicht verstanden, tat er das, was notwendig war, um neue Kräfte zu schöpfen, der Menge zu begegnen. In der Einsamkeit stellte er Gott die Fragen seines Lebens. Niemals wandte er sich an seine Jünger, wie wir uns oft an Freunde wenden, wenn er Entscheidungen zu treffen hatte. Er nahm Zeit für sich in Anspruch, um allein zu sein, in der er rang und betete.

Jesus hat uns eine Botschaft vorgelebt. Glauben heißt mitten im Leben stehen und die Verantwortung für Entscheidungen tragen. Es heißt einen Standpunkt einnehmen, sich dem Leben und Gott preisgeben. Der Glaube schließt das Bedürfnis, allein zu sein, nicht aus. Der Gläubige kann aufgrund der Forderungen, die Gott an ihn stellt, für Einsamkeit und Alleinsein aufgeschlossener sein. Jesus erreichte einen Ausgleich — er stand mit Menschen in Verbindung und folgte dem Willen seines Vaters. Auch er lebte mit Augenblicken des Alleinseins. Wie leben *Sie* Ihr Alleinsein?

Sie leben Ihre Einsamkeit

Beantworten Sie die folgenden Fragen im Laufe des Tages oder der Woche aus Ihrer eigenen Erfahrung:

1. Wann haben Sie das Bedürfnis, allein zu sein?
2. Was ergibt Ihre Selbstbetrachtung?
3. Welche Erwartungen stellen Sie an sich, die aus Ihrer Kindheit stammen?

5. Illusionen über die Einsamkeit

Die Realität der Einsamkeit wird selten bestritten, wohl aber die Bedeutung, die sie für unser Leben hat. Man findet den Ausweg aus Zeiten der Einsamkeit nicht, indem man sie flieht oder ignoriert, sondern indem man auf die Fragen eingeht, die während der Erfahrung der Einsamkeit auftreten. Eine Untersuchung der allgemein verbreiteten Illusionen, die sich um die Einsamkeit spinnen, wird vielleicht zum Nachdenken und zum Dialog anregen.

Erste Illusion: Christen sind nicht einsam

Die Einsamkeit birgt in sich ein Element des Leidens, das durch Ihre Lebensumstände, dadurch, wie Sie zum Glauben stehen und wie andere auf Sie eingehen, verstärkt wird.

Wie wichtig die Reaktion anderer Menschen ist, zeigt eine Begebenheit, die der Priester Dan Yeary erzählte. Er pflegte seine sonntäglichen Abendgottesdienste damit zu beschließen, daß er die ganze Gemeinde das Schlußgebet singen ließ. Die Gemeindemitglieder und übrigen Besucher des Gottesdienstes standen, hielten sich mit ihren Nachbarn zu beiden Seiten an der Hand und sangen das Dankgebet. Als er eines Tages seine Post durchsah, las Hochw. Yeary den Brief eines älteren Gemeindemitglieds. Er lautete: „Ich danke Ihnen, daß Sie den Gottesdienst damit schließen, daß sich die Gemeindemitglieder an der Hand halten. Ich führe ein sehr einsames Leben, und Sonntagabend ist das einzige Mal in der ganzen Woche, daß mich ein anderer Mensch berührt." Diese Frau kannte die Einsamkeit und den Schmerz, nicht beachtet zu werden. Mit einer Entpersönlichung leben ist schwer, und das Gefühl, als menschliches Wesen nicht akzeptiert zu werden, schmerzt noch mehr. Die ausgestreckte Hand eines Menschen neben ihr bedeutete der Absenderin des Briefes viel.

Die Beziehung zwischen Einsamkeit und Glauben wird überall in der Bibel deutlich. Psalm 22 beginnt mit dem Ausruf „Mein Gott, mein Gott, warum hast du mich verlassen?" Der Gläubige ist nicht immer gegen das Leid immun, aber er vertraut auf Gott und seinen höchsten Willen. Dieser Umstand erlaubt uns, die wesentliche Frage zu stellen: „Warum?“ Sie wissen vielleicht, daß Gott existiert, aber seinen Willen und seine Handlungsweise zu verstehen ist etwas völlig anderes. Man fällt leicht darauf herein, anzunehmen, daß der Glaube nur Antworten gibt und keine Fragen zuläßt. Der Glaube verhilft Ihnen zu der Erkenntnis, welche Fragen zu stellen sind, und läßt Sie Gott in den Zeiten persönlicher Angst nicht aufgeben.

Die Frage des Psalmisten entstammt einem Leidenden. Ohne seinen Glauben hätte er niemanden, an den er sich wenden könnte, und wenn er nicht persönliches Leid erführe, würden die Fragen nach dem Sinn des Lebens unausgesprochen bleiben. Den Sinn des Lebens finden wir, indem wir mit den Fragen leben, nicht aber, wenn wir vor ihnen zu fliehen versuchen.

Innerhalb eines Jahres begrub ein 35jähriger Mann seine Großmutter, seinen Vater und seine Frau. Seine Frau hatte zwei Jahre lang mit Krebs gekämpft, in denen sie selten keine Schmerzen hatte. Der Mann litt dieses letzte Jahr über Höllenqualen, bis schließlich nur noch er und seine zweijährige Tochter zurückblieben. James, ein guter Freund, versuchte ihn zu trösten, aber er hatte solches Leid in seinem Leben nicht kennengelernt. Als die beiden Männer miteinander sprachen, sagte James schließlich: „Ich mache mir Sorgen um dich. Aber der einzige, der Kummer und Einsamkeit wirklich versteht, ist Gott. Sprich mit ihm.“

James begriff, daß alle Worte, die wir über das Leid verlieren, einfach abstrakt bleiben, bis wir selbst damit konfrontiert werden, diese Erfahrung durchzumachen. Christus litt für die Menschen, aber er litt auch *mit* den Menschen und *als* Mensch. Von keinem von uns wird eine so schmerzvolle Prüfung verlangt wie die, vor die sich Jesus gestellt sah. Er kann Trost spenden, denn er versteht uns persönlich. Er weiß, wie es ist!

Der Psalm 22 spiegelt eine Entwicklung wider. Er beginnt mit Schreien und Fragen und endet mit Lobpreis. Der Weg durch die Einsamkeit oder jede Art von Leid ist keine Antwort an sich. Den Weg des Glaubens gehen und aufgeschlossen sein für die Erfahrungen des Lebens vermittelt Wachstum im christlichen Verständnis.

Christen erfahren sehr wohl die Einsamkeit und die Fragen, die aus ihr hervorgehen. Glauben beinhaltet nicht, daß Sie gegen die Belastungen des Lebens immun sind. Es besagt vielmehr, daß Sie allem, was Ihnen zwangsläufig begegnet, aufgeschlossen gegenüberstehen und daß Sie durch Glauben daran wachsen können. Leider und völlig verfehlt begreifen Menschen, die von dem Klischee „Christen haben keine Probleme und werden nicht einsam“ ausgehen, überhaupt nicht, worum es geht. Der Glaube verleiht jedem Menschen die Einstellung und die Kraft, dem Leben offen zu begegnen, auch in Fragen, auf die es keine einfache Antwort gibt.

Zweite Illusion: Einsamkeit bedeutet Versagen und Ablehnung

Für viele ist ihre Vorstellung von sich selbst davon abhängig, *wie andere sie sehen.* Statt die einmaligen inneren Anlagen, die sie besitzen, zu entfalten, gehen viele Menschen lieber von einem eindeutigen Bild ihrer selbst aus. Einsamsein ist gleichbedeutend geworden mit der Vorstellung, daß „die Menschen nicht mit Ihnen zusammen sein wollen". Wenn Ihnen darüber Zweifel kommen, denken Sie daran, wie oft Menschen auf die Frage „Wie geht's?" antworten, sie seien einsam. Statt die Einsamkeit als natürlichen Bestandteil des Lebens anzusehen, faßt man sie als Ausgestoßensein auf und weigert sich, sie sich einzugestehen.

Wenn er die ersten Anfälle von Einsamkeit spürt, reagiert der Mensch, als stünde er vor einer Katastrophe. Wie Sie die Gefühle der Einsamkeit bewältigen, hängt damit zusammen, wer für Sie maßgebend ist und Ihre Vorstellung von Erfolg oder Versagen bestimmt. Oft sind es Eltern, Gleichgestellte, Kollegen, jeder Beliebige, nur nicht Sie selbst. Aber das Wichtigste, was Sie lernen können, kann Ihnen niemand beibringen. Der Kampf muß innerlich ausgetragen werden. Solange Sie sich nicht weigern, die Erwartungen anderer zu Ihrem Gefängnis zu machen, werden Sie versucht sein, von einem eindeutigeren Bild dessen, was Sie sind, auszugehen.

Dritte Illusion: Wenn ich mich genügend darum bemühe, werde ich nicht einsam sein

Ganz im Gegenteil. Wenn Sie den Gefühlen nachgeben und in Ihre Verwirrung eindringen, werden Sie die Dinge klarer sehen, als wenn Sie gegen sie ankämpfen. Das ist der Ausgangspunkt dafür, das, was Sie zu sein scheinen, in Einklang zu bringen mit dem, was Sie sind. Das Leben stellt uns vor Probleme und erspart uns keine Schwierigkeiten. Wenn Sie vor der Einsamkeit davonlaufen, sei es, indem Sie sich überessen, sich in Arbeit stürzen, was auch immer, bleibt Ihnen schließlich nur eine verminderte Selbstachtung. Der einzige Ausweg führt hindurch; die einzige Möglichkeit, zu lernen, was Sie werden können, besteht darin, sich selbst und Ihre Gefühle so zu akzeptieren, wie sie sind.

Vierte Illusion: Gesellschaft ist ein Heilmittel gegen die Einsamkeit

Menschenmengen, Erfolg, Ziele ... sind alle kein Heilmittel. Setzen Sie Ihre eigene Aussage ein: „Wenn ich .... genug bin, bin ich nicht einsam." Weder ständiger Umgang mit Menschen noch ständiges Alleinsein können der Einsamkeit abhelfen. Nutzen Sie die Augenblicke Ihrer Einsamkeit, um Ihre eigenen Grenzen und Beschränkungen zu erforschen. Zeiten, in denen Sie einsam sind und leiden, können Sie dazu anregen, sich über sich selbst klarzuwerden. Wenn Sie Ihre Grenzen sowie Ihre Möglichkeiten kennen, sind Sie frei, realistisch mit sich selbst zu leben. Paradoxerweise werden Sie dadurch, daß Sie die Fragen der Begrenztheit begreifen, frei, Ihr Leben tiefer zu erforschen und zu genießen.

Fünfte Illusion: Niemand entscheidet sich freiwillig für die Einsamkeit

Manche Menschen fürchten sich mehr vor engen Beziehungen als vor der Einsamkeit. Statt sich auf Wagnisse mit anderen Menschen einzulassen, wahren sie lieber einen sicheren emotionalen Abstand. Wenn Sie mit so einem Menschen in Verbindung stehen, könnten Sie sich versucht fühlen, sich Selbstvorwürfe zu machen und die Schlußfolgerung zu ziehen, daß etwas an Ihnen nicht liebenswert ist. Aber die Angst dieses Menschen vor Liebe und Intimität ist sein Problem, mit dem er sich auseinandersetzen muß.

Versuchen Sie hinzunehmen, daß, wenn eine Beziehung nicht wächst, Sie nicht unbedingt dafür verantwortlich sind. Versuchen Sie, diesen Menschen zu verstehen und seine Unfähigkeit, ein Wagnis einzugehen, nicht als eine Ablehnung Ihrer selbst aufzufassen. Verständnis kann, eher als kritisches Urteilen, der erste Schritt dazu sein, daß er seine Schutzbarriere aufgibt. Selbst wenn dies nicht der Fall ist, wird es Ihnen helfen, zu verstehen, daß die Menschen, je nach ihren Fähigkeiten enge Beziehungen einzugehen, unterschiedliche Standorte einnehmen.

Sechste Illusion: Eine neue Umgebung wird mich von meiner Einsamkeit heilen

Innerhalb von drei Jahren ist ein Mann sechsmal umgezogen, hat siebenmal Autos ver- und gekauft, hat drei verschiedene Arbeitsstellen gehabt, und nun fragt er sich: „Warum bin ich so einsam?" Viele Menschen machen die

Schule, die Stadt, den Arbeitsplatz, die Kirche, die Regierung oder ihren Geistlichen dafür verantwortlich, daß sie einsam und enttäuscht sind. Die Verantwortung für Ihre Gefühle liegt jedoch bei Ihnen, und solange Sie sie nicht auf sich nehmen, werden Sie sich dem Ziel, mit sich selbst zu leben, nicht nähern. Eine Veränderung Ihrer Umgebung mag Sie vorübergehend von der Ruhelosigkeit befreien. Ein Tapetenwechsel mag aufregend sein. Aber letztlich werden Sie sich den Problemen stellen müssen. Die ständige Veränderung ist keine Lösung an sich.

Siebente Illusion: Nur die wenigen nach innen gekehrten Menschen tun etwas im Hinblick auf ihre Einsamkeit

Jeder unternimmt etwas, um den Schmerz der Einsamkeit zu lindern. Manche haben gelernt, sich ihr zu stellen und lernen wiederum daraus. Andere reagieren auf sie auf die unterschiedlichste Art und Weise, die sie im Laufe der Jahre entwickelt haben. Die Anwendung von Manipulationstechniken, die man in der Kindheit erlernt hat, Klatsch, das Anhören bzw. Anschauen seichter Hör- oder Fernsehspiele, das Ausweichen vor einer Begegnung... Die Aufzählung ließe sich beliebig fortsetzen. Viele erschöpfen ihre Energien auf unproduktive Weise und suchen eine Selbstbegegnung zu vermeiden. So bemerkte eine Frau: „Ich fraß mich in eine regelrechte Verzweiflung hinein. Wann immer ich mich einsam fühlte, schoß ich in die Küche. Ich aß, ob ich hungrig war oder nicht, und versuchte, meinen Kummer auf diese Weise zu besänftigen. Danach fühlte ich mich schuldig und dick! Es wurde ein Kreislauf ohne Ende."

Ein anderer Mann litt unter einem ähnlichen Kummer. „Ich konnte mich nicht wohl fühlen, wenn ich mit mir allein war. Immer, wenn ich mich kotzelend fühlte, spielte ich ein Spiel. Ich nannte es »Wenn nur«, weil ich mir einbildete, wenn nur etwas Aufregendes geschähe oder ein neuer Mensch in mein Leben träte, dann würde ich mich wohl fühlen. Ein Freund half mir schließlich, als er meine Ausflüchte mit einem Satz unterbrach: »Du läufst nicht *auf etwas zu«,* sagte er. »Du läufst vor jemandem *davon* — vor dir selber.« Das versetzte mich in Panik. Tief innerlich wußte ich, daß er recht hatte, obwohl ich im ersten Moment wütend werden wollte."

Jeder tut etwas in bezug auf die Einsamkeit; Sie entscheiden darüber, wie Sie reagieren.

Achte Illusion:
Die Ehe wird das Problem der Einsamkeit lösen

Viele Menschen heiraten, weil sie glauben, daß die Ehe ihre Einsamkeit beseitigen wird. Aber Menschen können auch in der Ehe einsam sein, gleichgültig, wie intakt oder nicht intakt ihre Ehebeziehung ist. Mit dem Eheversprechen werden Sie nicht immun gegen unangenehme Gefühle! Diese Illusion wird im folgenden Kapitel eingehender behandelt.

Neunte Illusion:
Alleinstehende sind die einsamsten aller Menschen

Die Existenz als Alleinstehender wird mehr und mehr als eine entwicklungsfähige Lebensform akzeptiert. Hinzu kommt, daß viele lernen, ihre Einsamkeit zu erforschen und an ihr zu wachsen. Es gibt Menschen, die ebensogern Junggeselle sind wie andere verheiratet sind. Und viele wünschen, sie könnten ihren Familienstand ändern. Ob man jedoch ganz und gar Mensch ist, wird nicht in Begriffen wie verheiratet oder alleinstehend gemessen. Den Sinn des Menschseins finden Sie, indem Sie zu einer ganzen Persönlichkeit werden, gleichgültig, ob Sie allein oder zu zweit leben.

Zehnte Illusion:
Kinder sind nicht einsam, nur launisch

Die Trennung der Kinder von ihren Eltern beginnt bei ihrer Geburt. Von da an stehen sie vor einer Zeit, in der sich zunehmende Unabhängigkeitsbedürfnisse mit dem Wunsch nach Sicherheit die Waage halten. Die Aussagen über das Leben, die sich mit Konflikten befassen und verbale wie körperliche Zuneigung ausdrücken, erfährt das Kind in seiner Familie. Kinder spüren, ob ihre Gefühle als gültig akzeptiert werden, und ob sie bestraft werden, wenn ihre Denkweise von der ihrer Eltern abweicht. Mit einer angemessenen *Verhaltens*disziplin handeln die Eltern konstruktiv und aus Liebe, während Bestrafung für *Gefühle* den Wert der Persönlichkeit in gewisser Weise herabsetzt. Kinder fühlen sich häufig mißverstanden, nicht nur von den Eltern und anderen Erwachsenen, sondern auch von ihresgleichen. Die Einsamkeit setzt ein, wenn wir uns selbst beurteilen und lernen, die Verantwortung für uns selbst zu übernehmen. Sie ist aber auch bei Familienkrisen da, etwa bei dem Erlebnis einer Scheidung oder eines Todesfalles, und während des Umzugs in eine andere Stadt. Es erleichtert den Reifungsprozeß eines Kindes, wenn Sie ihm helfen, mit den Tatsachen des Familienlebens fertigzuwerden.

Eine Frau erklärte: „Ich wurde als Kind davor behütet, Bekanntschaft mit dem Tod zu machen. Ich durfte nie bei Beerdigungen dabei sein, weil meine Eltern glaubten, es würde mich aus dem Gleichgewicht bringen. Heute habe ich eine lähmende Angst vor dem Tod und davor, zu Beerdigungen von Verwandten oder Freunden zu gehen. Ich bin nicht mit Geburt und Tod als einem natürlichen Lebensvorgang aufgewachsen."

Kinder sind erstaunlich elastisch, wenn man ihnen erlaubt, den Tatsachen des Lebens ins Auge zu schauen und ihnen altersgemäße Erklärungen gibt.

Dennoch wird die Einsamkeit ein Bestandteil ihres Lebens sein, ob sie sprachlich kommunizieren können oder nicht.

Die Einsamkeit ist eine Lebenstatsache. Wir brauchen nur über ihre Bedeutung zu entscheiden und auf die Entwicklung der Dinge zu vertrauen.

Sie leben Ihre Einsamkeit

Beantworten Sie die folgenden Fragen im Laufe des Tages oder der Woche aus Ihrer eigenen Erfahrung:

1. Welche Glaubensfragen haben Sie?
2. Wie sehen Sie die Einsamkeit? Was sagt sie Ihnen über sich selbst?

6. Alle Einsamkeiten in der Familie

Es wird häufig von der Familie erwartet, daß sie Schutz vor der Einsamkeit gewährt. Familien sind jedoch in der heutigen Gesellschaft bereits schweren Belastungen ausgesetzt. Es gibt keine einfachen Antworten auf Fragen wie: Sind es unrealistische Erwartungen, die man an die Familie und ihre Mitglieder stellt? Ist es möglich, einige der Ernüchterungen der Ehe abzuschwächen? Welche Rollen spielen Männer und Frauen in der Ehe? Was ist mit den zahllosen Scheidungen heutzutage? Was ist eigentlich eine heile Ehe? Bedeutet es, daß Sie eine schlechte Ehe führen, wenn Sie in der Ehe einsam sind?

Alle Formen der Einsamkeit sind in der Familie vorhanden. Wenn ein Kind krank ist oder im Krankenhaus liegt, kann die hilflose Einsamkeit überwältigend sein. Ein Ehepaar beschrieb, wie sie das Krankenhauszimmer ihrer Tochter verließen, folgendermaßen: „Wir gaben ihr einen Gutenachtkuß und schlossen die Tür zu ihrem Zimmer hinter uns. Als wir den Krankenhauskorridor entlanggingen, empfanden wir eine qualvolle Betäubung. Es war schrecklich, nicht bei unserer Kleinen zu sein und von der Schwester hinausgeführt zu werden."

Oft kann es eine einsame Zeit sein, wenn ein Partner auswärts oder den ganzen Tag lang nicht erreichbar ist. Wenn Sie jemanden, insbesondere einen geliebten Menschen, vermissen, so weckt dies Gefühle, die Sie nicht zerstreuen können, indem Sie Ihr Leben mit anderen Menschen bevölkern.

Wachsende Sorgen sind Zeiten der Einsamkeit, und sie treten das ganze Eheleben hindurch auf. Die Träume von gestern können die Illusionen von heute werden. Die meisten Paare sind auf die Anforderungen der Ehe nicht vorbereitet. Viele Ehepaare haben ihre Hochzeit in allen Einzelheiten geplant, in der Annahme, daß die Zeremonie gleichbedeutend sei mit Verheiratetsein. In Wirklichkeit beginnt die Ehe, wenn die Flitterwochen vorbei sind!

Die Menschen gehen die Ehe in unwissender Verzückung ein und stellen verfehlte Erwartungen an ihre Beziehung und an einen Partner. Zunächst haben sie ein Bild von der Ehe und eine Vorstellung davon, wie *sie* sich ihren Partner wünschen. Das wahre Bild Ihres Partners zu erkennen ist eine schmerzhafte Erfahrung. Einen anderen Sie so sehen zu lassen, wie Sie wirklich sind — mit Ihren Ansichten, Ängsten und Träumen —, kann ebenso beängstigend sein. Die Intimität wird zu beängstigend, Zorn bricht entweder hervor oder wird unterdrückt. Sie fürchten sich, einander kennenzulernen, wie Sie wirklich sind, und die Kommunikation wird zum bloßen Austausch von Informationen.

So erklärte eine Frau: ,,Ich dachte, die Ehe wäre das »Glücklichsein für alle Zeiten«. So war es immer im Fernsehen und im Kino. Ich erwartete, daß die Ehe sich meiner Unsicherheiten und Probleme annehmen würde. Sie traten aber nur deutlicher zutage."

Die Ehe ist ein Entwicklungsvorgang, keine Antwort, sondern eine Suche. Nur Beziehungen, die sich weiterentwickeln, können überleben. Und das Wagnis der Beziehung zu einem anderen auf sich zu nehmen ist der einzige Weg, die Mauer einer oberflächlichen Beziehung zu überwinden. Das größte Risiko besteht darin, nichts zu wagen.

Das Problem, allein zu sein und sich nach der Nähe und Verbindung zu einem anderen zu sehnen, beginnt bereits in der Kindheit. Es setzt sich das ganze Leben hindurch fort und wird an mindestens zwei Erwartungen deutlich, mit denen Menschen die Ehe eingehen. Erstens erwartet man, daß es eine enge Beziehung sein wird, die sich aller unbefriedigten Bedürfnisse annimmt. In der Zeit des Verliebtseins macht sich dies bemerkbar, wenn zwei Menschen versuchen, ihre Verschiedenartigkeit zu bagatellisieren, als wollten sie damit sagen, daß ein Sich-Nahesein stets mit Gleichförmigkeit einhergehe. Die zweite Erwartung besteht in der Vorstellung von dem, was eine gute Ehe ist, und wie man sich zu verhalten hat, um eine gute Ehe zu führen.

Was steht einer Liebesehe im Wege?

Die Einsamkeit in der Ehe wird gesteigert durch die Unfähigkeit eines Paares, die verschiedenen Aspekte ihrer Beziehung zu bewältigen. Die Frage, die man sich dann stellt, lautet: Was steht eigentlich einer unversehrten, herzlichen, liebeserfüllten Ehe im Wege? Die Gegenwartsliteratur nennt eine ganze Reihe von ,,Gründen". Ich möchte Ihnen einige Anregungen geben, die keine Antworten, sondern Fragen sein sollen, anhand derer Sie sich eingehender auf Ihre Ehe oder die Ihrer Eltern besinnen können.

1. Wie reagieren Sie auf Liebe und Zorn?
2. Wissen Sie Verschiedenartigkeit zu schätzen?
3. Kommunizieren Sie wirklich?
4. Erlaubt es Ihnen Ihre Beziehung,
   in Ihrem Gefühlsleben zu wachsen?
5. Fühlen Sie sich Ihrem Wachstum verpflichtet?

Um das Leben kennenzulernen, wird Ihnen ein gewisses Maß an Einsamkeit, Schmerz und Angst zuteil werden. Und wenn Sie es nicht lernen, intakte Beziehungen zu Ihren Familienangehörigen zu unterhalten, steigern sich Einsamkeit und Leiden. Damit gewinnen die Fragen eine neue Bedeutung.

Die Sehnsucht nach Liebe, die in Filmen, Romanen und Reklamen dargestellt wird, wird manchmal für ein Allheilmittel gegen die Probleme des Lebens gehalten. Unberücksichtigt bleibt dabei die Tatsache, daß lieben lernen auch bedeutet, den Zorn zu bewältigen. Christen betrachten den Zorn manchmal als eine negative Gefühlsbewegung. Sie klammern sich an das Geschenk der Liebe, wie es im Korintherbrief 13 beschrieben ist, der jedoch eine Idealvorstellung der Liebe vermittelt. Als Mensch müssen Sie lernen, kreativ mit der Spannung zwischen der *Wirklichkeit,* wie Sie leben, und Ihrer *Idealvorstellung,* die ein Vorbild ist, zu leben. Diese Spannung erfordert, daß Sie Konflikte kreativ nutzen, statt deprimiert zu werden oder Zorngefühle zu unterdrücken.

Alice, eine Frau Anfang 40, berichtete, wie sie und ihr Mann dem Zorn begegneten. „Wir spielten ein Spiel, obwohl wir die Regeln nie erwähnten. Einer von uns wies auf etwas hin, das uns bedrückte, und der andere erörterte die Vorzüge dessen. Anschließend führte jeder die Fehler des anderen aus der Vergangenheit unseres Ehelebens auf. An diesem Punkt wurde die Diskussion lautstark! Wer es zuerst leid wurde, machte dann der Auseinandersetzung eine Ende. Mein Mann schnitt den Dialog ab, indem er etwa eine Stunde lang in seinem Arbeitszimmer arbeitete. Wenn ich es zuerst leid wurde, starrte ich schweigend aus dem Fenster. Er verstand! Was auch immer ursprünglich den Anlaß gegeben hatte, ging in diesem Trick unter.

Wie sich dies auf unsere Kinder auswirkte, war recht aufschlußreich. Keine unserer Töchter bringt ihren Zorn offen zum Ausdruck, weder mir gegenüber noch untereinander. Ich mache mir Sorgen, wie sie als Erwachsene ihre Beziehungen gestalten werden."

In manchen Kreisen hat man einen solchen Wert darauf gelegt, Zorn zu äußern, daß das Sich-Luft-machen geradezu zum Ideal gemacht wurde. In Wut auszubrechen ist keine Lösung, das bedeutet lediglich, daß Sie Ihrem Partner eine zusätzliche Last aufbürden. Versuchen Sie, sobald Sie Ihren Zorn bemerken, die Ursache herauszufinden. Gestehen Sie sich dann ein, welche Gefühle Sie für Ihren Partner hegen, und unterlassen Sie es, ihn mit Worten anzugreifen oder ihm abfällige Bemerkungen entgegenzuschleudern. Das ist ein wichtiger Schritt zu einer konstruktiven Ehebeziehung, weil Sie sich zu Ihrem Unbehagen bekennen, während Sie feststellen, daß Sie es durchstehen möchten. Wenn Sie dann miteinander über den Vorfall sprechen, versuchen Sie zu verstehen, was Ihren Zorn hervorrief und welche

Möglichkeiten bestehen, ihn zu beseitigen. Wenn Sie sich zu Ihrem Zorn bekennen und ihn *mit* Ihrem Partner durchstehen statt explodieren, erkennen Sie vielleicht, wohin Ihre Beziehung wachsen kann.

Es erfordert Arbeit und eine gewisse Zeit, mit Liebe und Zorn umgehen zu lernen. Menschen, die ihren Zorn jahrelang unterdrückt haben, müssen lernen, ihm Luft zu machen, und das ist ein Teil ihrer Arbeit an sich selbst. Es ist hilfreich, wenn Ihnen ein beruflich qualifizierter Dritter auf diesem Weg beisteht. Den Zorn in einer Liebesbeziehung konstruktiv bewältigen zu lernen, setzt das Einverständnis beider voraus, es zu tun, sowie die Fähigkeit, immer und immer wieder zu verzeihen. In Ihrer Beziehung sind bereits Verhaltensmuster vorhanden, wie Sie mit Konflikten fertig werden (oder nicht), die sich nur schwer verändern lassen. Wenn Sie bereit sind, an der Beziehung zu arbeiten, ist dies ein erster Schritt in der *Fortentwicklung* einer Beziehung. Konflikte sind ein gutes Zeichen. Zahllose Umstände könnten zu Eheproblemen führen, nur weil Sie sich nicht genügend darum bemühen, mit ihnen fertigzuwerden. Wenn Sie einen Menschen wirklich lieben, stellen Sie sich den Problemen, die naturgemäß zu einer intimen Beziehung gehören. Wo Liebe ist, da ist auch Zorn, wo Vertrautheit besteht, da ist auch Verschiedenheit.

Neugier, nicht Verurteilung

Ein Mann schilderte seine Ehebeziehung als unerträglich. „Ich verstehe es einfach nicht", sagte er. „Was mir an Karen gefiel, bevor wir heirateten, stößt mich jetzt ab. Und was ich mit ihr gemeinsam zu haben *glaubte,* haben wir nicht gemeinsam! Ich erwartete, daß sie all meine Bedürfnisse erfüllen würde, und selbst das enttäuscht mich. Ich glaubte immer, sie sei meine bessere Hälfte. Jetzt bin ich mir dessen nicht mehr so sicher!"

Dieser Mann fühlte, daß die Zeit des Verliebtseins eine Zeit äußerster Unaufrichtigkeit ist. Während einer Rendezvous-Beziehung sehen, hören und glauben die Menschen, was sie sich wünschen. Wenn Ihnen zum ersten Mal bewußt wird, daß Ihr Partner nicht mit dem Bild, das Sie sich von ihm gemacht haben, übereinstimmt, sind Sie vielleicht enttäuscht. Dies *kann* jedoch ein weiterer Schritt zu einer reifenden Beziehung sein. Seien Sie lieber neugierig auf die Verschiedenheit, statt sie zu verurteilen. *Wie* und *was* Ihr Partner denkt, ist wesentlich, und nicht, *warum* er so oder so empfindet. Finden Sie heraus, *wie* eine bestimmte Entscheidung getroffen wurde, statt zu fragen: *„Warum* hast du *so* gehandelt?"

Aus der Zeit der jungen Liebe zweier emotional verbundener Menschen wird die Ehe, in der sich Gelegenheit zur Ausbildung der individuellen Eigenart bietet. Sie können einander so kennenlernen, wie Sie sind. Hoffentlich ist die Ehe so offen, daß Sie beide die fortlaufenden Entwicklungsstadien des Lebens meistern können.

Im ehelichen Umgang werden Sie erkennen, daß Ihr Partner nicht all Ihren Bedürfnissen entsprechen kann. Das ist auch keine realistische Erwartung. Wenn sechs von zehn Bedürfnissen befriedigt werden können, so ist es ein Anlaß zum Feiern. Stellen Sie fest, welche Bedürfnisse Sie haben und sprechen Sie über die, die Ihre Ehe erfüllen kann. Suchen Sie herauszufinden, wie den übrigen Bedürfnissen auf realistischer Basis entsprochen werden kann. Vielleicht können Sie beide regelmäßig Ihre Erwartungen an die Ehebeziehung prüfen.

Wenn Sie miteinander über Ihre Beziehung kommunizieren lernen, gewinnen Sie immer mehr Halt, Vertrautheit und gegenseitiges Verständnis. Gehen Sie davon aus, daß sich die Beziehung verändern wird und daß Veränderung nicht unbedingt ein negatives Wort sein muß. Ihr gegenseitiges Verhältnis im ersten Ehejahr bringt Ihnen nicht das, was Sie als Persönlichkeiten im dritten, vierten und fünften Lebensjahrzehnt und darüber hinaus brauchen. Hoffentlich wird Ihre Beziehung in ihrer eigenen Reife Ihre Fortentwicklung widerspiegeln.

Kommunizieren lernen

Kommunikation ist der Schlüssel, aber sie funktioniert nur dann, wenn beide Partner sich dazu verpflichten. In zahlreichen Büchern wird die Kunst des Kommunizierens beschrieben. Niemand hat sie je vollständig beherrscht, noch wird man sie je völlig beherrschen. Hier sind jedoch fünf stark vereinfachte Grundregeln:

Zuhören. Versuchen Sie, herauszuhören, was der andere sagt und was er nicht sagt. Was teilt er Ihnen unausgesprochen mit? Nur sehr wenige Menschen hatten jemanden im Leben, der ihre Hoffnungen, Träume und Gefühle anhörte. Folglich vergeuden sie ihre Zeit damit, nach dem zu trachten, was sie nie besaßen und machen nie einem *anderen* das Geschenk, ihm zuzuhören. Sogar Eltern sagen manchmal ihren Kindern, was sie werden sollen, ohne daß sie ihnen jemals zuhören und erkennen helfen, welche Richtung sie nach dem Willen Gottes einschlagen sollen.

Lernen Sie bitten. Die meisten Menschen bitten, indem sie sich beklagen. Sie mäkeln eher: „Warum bleibst du nicht öfter zu Hause?“ statt zu sagen: „Ich wäre gerne mehr mit dir zusammen.“

Versuchen Sie, mit Ihren wirklichen Gefühlen zu reagieren. In der Ehrlichkeit des Gefühls liegt die Kunst, einem anderen Menschen gegenüber aufrichtig zu sein. Das ist vielleicht der schwerste Kampf überhaupt. Er beginnt damit, daß Sie lernen, auf sich selbst zu hören.

Entwickeln Sie einen Sinn für Selbsthumor. Nicht als eine Möglichkeit, Meinungsverschiedenheiten auszuweichen, sondern als einen Gefährten, der Sie auf Ihrem Weg begleitet.

Lernen Sie, was eine christliche Ehe ist. Eine christliche Ehe kann als die Vereinigung zweier Menschen bezeichnet werden, die auf Gott vertrauen und genügend Selbstvertrauen besitzen, um das Wagnis, ihr Menschsein zu teilen, einzugehen.

In Ihrer Fortentwicklung wird sich Ihre gesamte Lebensanschauung durch Handlungen auf Ihre Kinder übertragen, sofern Sie Kinder haben. Kinder sind kein Besitz, sie sind ein Geschenk. Sie sind nicht kleine Erwachsene, sondern heranwachsende Persönlichkeiten, deren Ansichten über die Familie in Ihrer Familie begründet sind.

Christsein in einer Familie, die sich liebt, bedeutet nicht, wie es im Lied heißt, daß man niemals zu sagen braucht: „Verzeih mir." Vielmehr bedeutet es, immer und immer wieder zu sagen: „Verzeih mir." Das Beste, was Sie selber geben können, ist, sich selbst als der, der Sie sind, zu akzeptieren und Wachstum zu fördern. Die Kehrseite der Medaille ist die Fähigkeit, Fehler zu machen und daraus zu lernen, wo Sie Mensch sein und über Liebe, Zorn und kreative Konflikte lernen können, wo Sie die gegenseitige Abhängigkeit der Familienmitglieder untereinander erleben können, während Sie der übrigen Welt gegenüber die Schwingen Ihrer Unabhängigkeit erproben. Dann bekommen Sie die Einsamkeit in den Griff, und das Schweigen wird weniger betäubend.

Der Schlüssel liegt in der Fähigkeit, Verzeihung zu geben und zu empfangen und Anerkennung auszudrücken (Matth. 6, 9—14).

Weder mit dem Alter noch mit Erfolg noch mit öffentlichem Beifall vergeht das Bedürfnis nach Bestätigung. In Wirklichkeit ist Erfolg als Ziel an sich hohl und macht einsam. Wenn Sie Ihrem Partner gegenüber Dankbarkeit und Liebe nicht äußern können oder wollen, überlegen Sie, warum es so ist. Was ist erschreckend an dem Wagnis, sich nahezustehen?

Der Ausdruck der Anerkennung beginnt mit der Bestätigung der Gaben, die *der andere* beisteuern kann. Wenn Sie können, danken Sie Ihrem Partner für besondere Beiträge, die er zu Ihrer Beziehung und für Sie leistet. Die meisten Menschen sind recht bewandert im Umgang mit Kritik, aber peinlich schüchtern, wenn sie Bestätigung entgegennehmen sollen. Und doch sind es jene liebevollen Worte, von denen sie in ihren einsamen Augenblicken tagträumen.

Die wirklich bedeutsamen Lehren und die schwierigsten Probleme werden nie ein für allemal geklärt. Sie beginnen damit, indem Sie zuhören, und fahren fort, wenn Sie vom Zuhören lernen, zuzuhören.

Einsamkeit in der Familie und in der Ehe ist natürlich. Aber sie nimmt zu in dem Maße, wie *wenig* Aufmerksamkeit wir den persönlichen Beziehungen in der Familie widmen. Gesunde Ehen erwachsen daraus, daß die Partner ihre Erwartungen überprüfen, neue Fähigkeiten erwerben, Konflikte als natürlich hinnehmen und lernen, sie sinnvoll zu nutzen, und positive Schritte unternehmen, um das Familienleben durch die Kirche und alle zur Bereicherung einer Ehe erforderlichen Hilfen zu fördern.

Vielleicht schwebt Ihnen die typische Familie vor, bestehend aus zwei Erwachsenen und zwei Kindern, wie man sie in Familienalben abgebildet sieht. Auf der Schwelle zum letzten Viertel des 20. Jahrhunderts treten jedoch vielfältigere Formen der Familie auf.

Während in der Ehe Einsamkeit auftritt, besonders, wenn die Partner nicht wirklich miteinander teilen und kommunizieren, gibt es auch in diesen anderen Formen der Familie Zeiten der Einsamkeit. Die Frage der Einsamkeit stellt sich alleinstehenden Erwachsenen, Familien mit nur einem Elternteil, kinderlosen Ehepaaren, Familien, die zusammenwohnen, Mischfamilien und im leeren Nest, wenn die Kinder ausgeflogen sind.

Ohne eine vertraute Beziehung droht uns emotionale Isolation. Diese Situation verstärkt das Gefühl der Einsamkeit.

Verwitwete

John und Nelle sind beide verwitwet, und beide fanden es schwer, sich auf diese Situation einzustellen. Als ich mit ihnen sprach, erklärten beide, daß die Einsamkeit ein grundlegendes Problem sei.

„Ich erinnere mich so gut an den Tag der Beerdigung", seufzte Nelle. „Zuerst war es, als ginge ich durch einen Nebel. Die Minuten krochen dahin, jede Minute erschien mir wie eine Stunde. Verwandte waren von außerhalb der Stadt gekommen, Freunde schwirrten umher, und ich befand mich in einem Schockzustand. Einige Wochen später traf mich die Tatsache, daß Ed tot war, wie ein Schlag. Ich fühlte mich von dem Verlust benommen und niedergedrückt.

Überall waren Erinnerungen: Eds Stimme, sein Lachen, sogar seine Launen gingen mir durch den Sinn. Ich weinte, bis ich physisch krank davon wurde. Manchmal ging ich von einem Zimmer zum anderen; ich wußte, daß er fort war, aber ich hoffte, es sei alles nur ein böser Traum. Ich erinnere mich, wie sehr ich erschrak, als ich auf den Kalender sah und mir klar wurde, daß das Begräbnis nicht einige Tage her war; Wochen und Monate waren vergangen. Ich konnte kaum begreifen, daß dieser Zeitraum verstrichen war. Der Tod ist von Dauer. Die Einsamkeit war mein Gefährte in jenen Tagen der Trauer. Ed konnte nur in meiner Einbildung kommen. Es war sinnlos, im Haus nach einer Erinnerung zu suchen."

John ging auf Nelles Erinnerungen ein. „Ich verstehe, was Sie meinen. Ich empfinde solch ein Gefühl der Leere ohne meine Frau. Da ereignet sich etwas im Laufe des Tages, und ich denke: »Das muß ich ... erzählen«, und es ist niemand da, dem ich es mitteilen könnte, wenn ich nach Hause komme. Besonders einsam fühle ich mich nachts. Die einzigen Geräusche im Haus mache ich. Wir unternahmen nicht viel in geselliger Hinsicht, aber wenigstens hatten wir einander. Jetzt ist es so leer. Ich brauche meine Ausflüge aus der Stadt nicht mehr für Janice zu organisieren. Ich vermisse das."

Sowohl Nelle als auch John empfanden eine Art von Einsamkeit, die sie Heimweh nannten. Sie vermißten die gemeinsame Lebensweise mit ihren Partnern. Es gibt keine Golfpartien, Feiern, Abendessen zu zweit mehr.

Für andere können sich soziale Beziehungen während langwieriger Krankheiten verändern. Manche Menschen berichten, daß sie nicht erkannten, wie sehr sie in eine Isolation geraten waren, bis ihr Partner starb. Ihre sozialen Beziehungen verblaßten innerhalb eines gewissen Zeitraums, und der Versuch, in den Freundeskreis zurückzukehren, war ihnen peinlich.

Eine Frau schilderte ihre Gefühle der Einsamkeit so: „Ich komme mir wie ein fünftes Rad am Wagen vor, wenn ich mit Freunden zusammen bin. Gelegentlich unterdrücke ich meine Tränen, weil den Leuten unbehaglich zumute wird, wenn man in der Öffentlichkeit weint. Ich glaube, Selbstbeherrschung wird mehr geschätzt als Aufrichtigkeit. Mir ist, als würde ich wechselseitige Beziehungen durch meine bloße Gegenwart erschweren. Also ziehe ich mich zurück."

Einsamkeit infolge verminderten Umgangs mit Freunden ist keine Seltenheit. Sei es bedingt durch neue Beziehungen, ein geringeres Einkommen, den Umzug in eine andere Umgebung oder irgendeinen anderen Grund, der Mangel an Vertrautheit kann wehtun.

Nicht jeder aber ist nach dem Tod eines Partners zutiefst einsam. Eine Frau beschrieb ihre Empfindungen: „Ich wuchs ohne Geschwister auf, daher bin ich es seit jeher gewohnt, allein zu sein und mich selbst zu unterhalten. Ich glaube, ich lernte, an meiner eigenen Gesellschaft Gefallen zu finden. Ich will damit nicht sagen, daß ich Menschen nicht mag, nur das Alleinsein wirkt auf mich nicht niederschmetternd. Selbst vor dem Tod meines Mannes war ich regelmäßig mit mir allein.“

Eine andere Witwe hatte eine große Familie mit festem Zusammenhalt. Die wechselseitige Beziehung zu Menschen, die sie liebte, half ihr, vorwärtszukommen und nicht in einsamem Selbstmitleid zu schwelgen. Marlene, eine Frau Mitte 50, sagte, sie sei erleichtert gewesen, als ihr Mann gestorben war. „Wenigstens brauche ich jetzt nicht mehr täglich seinen Alkoholismus zu ertragen“, sagte sie.

Auf die Frage, welchen Rat sie noch nicht lange Verwitweten geben würden, sagten John und Nelle sofort: „Sich ständig beschäftigen.“ Unlängst Verwitwete beschäftigen sich im allgemeinen nur, um etwas zu tun. Später jedoch wählen sie die Betätigungen um dessen willen, was sie ihnen persönlich bedeuten. Eine Beschäftigung ohne Sinn ist vielleicht nichts weiter als ein Versuch, der Angst vor der Einsamkeit zu entrinnen.

Über die Betätigung hinaus geht jedoch das Bedürfnis nach sinnvollen Beziehungen. Die neue Bekanntschaft mit verschiedenen Menschen kann Ihre Rückkehr ins Leben fördern, auch wenn Sie sich einen kleinen Ruck geben müssen, um sich dazu aufzuraffen.

Die stärkste Einsamkeit wird Sie vielleicht in den Augenblicken überkommen, die Sie an Ihren Partner erinnern. John erinnerte sich, daß die schlimmsten Zeiten Weihnachten, Geburtstage und der Monat Juli waren, in denen sie die Eltern seiner Frau im Urlaub zu besuchen pflegten. Allmählich, mit der Zeit, konnte er diese Zeiträume überstehen, ohne zu verzweifeln. Er fühlte sich emotional freier und imstande, seine ständige Trauer aufzugeben.

Über den Vorgang, einen ehemaligen Partner aufzugeben, ist nur wenig bekannt. Individuelle Unterschiede sind maßgebend dafür, wie lange Sie mit dem verstorbenen Ehemann bzw. der verstorbenen Ehefrau verheiratet bleiben. Manche scheinen an dem verstorbenen Gatten jahrelang, vielleicht für immer, festzuhalten. Andere fühlen sich etwa nach einem Jahr frei, eine andere Ehebeziehung in Erwägung zu ziehen. Die frühere Ehe gerät jedoch mit einer neuen Bindung nicht in Vergessenheit. Dies unterstreicht die Tatsache, daß schwere Verluste, wie etwa ein Todesfall, nicht über Nacht zu einer emotionalen Wirklichkeit werden.

Das mit dem Erlebnis eines Todes einhergehende Trauern, wozu auch die Einsamkeit gehört, gleicht dem, was bei einer Scheidung oder Trennung vor sich geht. Von allen Gefühlen der soeben Getrennten ist das der Einsamkeit vielleicht das wesentlichste. Für manche ist sie ein Schutz gegen Verwundbarkeit. Nach einer kurz zurückliegenden Trennung kann der Kontakt mit anderen Menschen wehtun und bedrohlich sein. Die Einsamkeit wird ein sorgfältig gehüteter Freund, der uns vor verfrühten Beziehungen bewahrt. Für die meisten Menschen in dieser Lage ist jedoch die Einsamkeit ein nagender, immer wiederkehrender Schmerz, der sie überall verfolgt. Sie klammern sich an das Telefon, an Bücher oder an Menschen — an alles, was wie ein Lebensretter aussieht. In verzweifelten Augenblicken bietet die Nähe eines anderen keine unmittelbare Lösung, aber sie fühlen sich dadurch weniger allein. Ja, die physische Gegenwart eines Freundes oder Angehörigen ist vielleicht die einzige wirkliche Hilfe. Das Bewußtsein, daß sie an diesem Tag noch mit jemandem zusammen sein werden, trägt dazu bei, die düstere Stimmung aufzuhellen.

Doch der ehemals Verheiratete erkennt bald, daß seine verheirateten Freunde selten wissen, wie sie ihm helfen können. Wenn Sie erleichtert sind, daß die Ehe hinter Ihnen liegt, fragen sie, wie Sie sich in solch einer Situation wohlfühlen können. Es ruft Schockiertheit, Bestürzung, ja, sogar Kritik bei Ihren Freunden hervor. Sie meinen, es wäre leichter, Ihnen zu verzeihen, wenn Sie unglücklich wären. Wenn Sie aber weinen, Ihrem Zorn Luft machen oder über Schuldgefühle sprechen, neigen Freunde dazu, sich zurückzuziehen. Selten wissen Sie, was die Scheidung für Ihre Freunde bedeutet. Und zuzusehen, wie sie für Sie oder Ihren ehemaligen Partner Partei ergreifen, sich ganz von Ihnen zurückziehen oder sich Ihrem Kummer gegenüber taub stellen, steigert nur Ihre Einsamkeit. Schließlich kann sich die Kluft zwischen Ihnen vergrößern, wenn Sie neue Freunde finden, die Sie mit Ihrer Lebensweise vereinbaren können. Das aber erfordert Zeit und emotionale Kraft.

Obwohl die Kirchen für die Dauerhaftigkeit der Ehe kämpfen, wie es in der Bibel vorgezeichnet ist, gehen erschreckend immer mehr Ehen zwischen Christen zugrunde. Aus welchen Gründen auch immer, Scheidungen sind häufiger geworden. Die Spannung, dieses Ideal aufrechtzuerhalten und doch mit der Wirklichkeit zu leben, hat viele Seelsorger dazu geführt, das Urteil, das sie über ehemals Verheiratete gefällt hatten, neu zu überdenken. Ob es uns paßt oder nicht, die Scheidung ist eine Tatsache im Leben vieler. Menschen im Augenblick ihres Leidens entgegenzukommen, entspricht der Botschaft Christi mehr, als in selbstgerechtem Urteil zu verharren.

Ich muß an ein Treffen Alleinstehender denken, vor dem eine Frau anrief und fragte: „Ich bin seit kurzem geschieden und hörte, daß in Ihrer Gemeinde ein Treffen stattfindet. Sind *Sie* sicher, daß ich auch kommen kann?" Der Geistliche am Telefon sagte: „Selbstverständlich können Sie kommen. Wir würden uns freuen, Sie dabeizuhaben." Das Tragische daran ist, daß diese Frage überhaupt gestellt werden mußte. Die Einsamkeit des Scheidungsvorgangs fordert den Menschen; die Ablehnung derer, die ihm beistehen könnten, ist niederschmetternd. Gerade dieser Geistliche mußte begriffen haben, was der Gott der zweiten Chance und was Auferstehung bedeutet!

Die Zeit der Scheidung und danach kann eine schwere Zeit sein. Für manche ist sie eine Erfahrung, an der sie wachsen und die sie lehrt, den Dingen ihren Lauf zu lassen und auf Gott zu vertrauen.

Die Menschen, die niemals heiraten

Die Nieverheirateten bilden eine weitere Gruppe der Alleinstehenden. Ob sie aufgrund ihrer freien Entscheidung oder irgendwelcher Umstände unverheiratet sind, irgendwie ist die Einsamkeit ihr Partner. Im allgemeinen regt das Alleinsein die Menschen an, sich eine neue Beziehung vorzunehmen oder eine solche einzugehen; im wesentlichen treibt es sie zu anderen Menschen. Einsamkeit kann eine Reaktion auf das Fehlen einer engen, vertrauten Beziehung sein. In solchen Fällen ist gesellschaftliche Aktivität kein Allheilmittel.

Die Menschen, die nie heiraten, befinden sich jedoch in einer *anderen* Lage als die, die plötzlich vor dem Gefühlsumsturz eines Todesfalles oder einer Scheidung stehen. Im Laufe der Jahre entwickeln Unverheiratete Verhaltensmuster für Beziehungen und Alleinsein. Sie werden nicht plötzlich aus einem sicheren, sei es glücklichen oder unglücklichen, Status quo herausgerissen. Ihre Welt ist ihnen vertraut, und sie sind nicht auf die Hilfe einer ehemaligen Partnerbeziehung angewiesen.

Doch müssen sich Alleinstehende mit den Erwartungen auseinandersetzen, die sie an ihr Leben stellen. Wenn sie heiraten wollten und dann doch nicht heirateten, können sie tief enttäuscht sein. Rita, eine alleinstehende Frau, schilderte mir ihre Erfahrung.

„Ich wuchs mit der Vorstellung auf, daß ich auf die Uni gehen und nach meinem letzten Semester heiraten würde. Aber die Zeit kam und verging. Ich fühlte mich abgelehnt, ein Versager. Im Grunde genommen schickten mich meine Eltern auf die Uni, um zweierlei zu erlangen: einen Abschluß und einen Mann, und zwar in dieser Reihenfolge! Seitdem hatte ich einige gute Bekannte, aber niemanden, mit dem ich mein Leben teilen wollte. Ein paarmal bot sich mir ernstlich die Gelegenheit zu heiraten, und in einem Fall hätte ich sie beinahe ergriffen, aber ich entschied mich dagegen. Das war eine schauderhafte, einsame Zeit für mich. Was, wenn mich keiner mehr fragen würde? Würde dies meine letzte Chance sein? Alle erdenklichen Fragen plagten mich mit Zweifeln. Schließlich entschied ich, daß eine Heirat mit dem richtigen Partner o.k. wäre, alles, was daran nicht heranreichte, kam nicht in Frage.“

Ich fragte Rita, wie sie mit den Zeiten ihrer Einsamkeit zurechtkomme, und sie sagte mir, daß sie begänne, sich dem Leben, wie es ihr jeden Tag begegnete, zu stellen. „Sicherlich, ich bin manchmal einsam“, erklärte sie. „Aber ich denke nicht daran, das Leben, das ich heute leben kann, hinauszuschieben, indem ich nach dem Morgen frage. Wenn ich heirate, wird es meine Wahl sein und kein Kuhhandel um einer falschen Sicherheit willen.“

Rita erkannte, daß ausschließlich Mensch und eine ganze Persönlichkeit zu sein nicht von ihrem Familienstand abhängig war. Es hatte viel mehr mit ihrer eigenen Selbstachtung und ihrem Wert als Persönlichkeit zu tun.

Alleinstehende — Verwitwete, Geschiedene, getrennt Lebende und Unverheiratete — machen Freunde zu ihrer Familie. Sie gehören zur Gemeinschaft einer Kirche und bilden einen Teil dieser Familie. Manche leben in einer Wohngemeinschaft mit anderen, die ein Zusammengehörigkeitsgefühl vermitteln. Gerda und Heike lebten ein Jahr lang zusammen in einer Wohnung. Auf die Frage, wie sie dazu gekommen waren, zusammenzuwohnen, antwortete Gerda: „Na ja, eines Tages wurde mir klar, daß ich mich nach Gesellschaft sehnte. Ich habe gern meine Ruhe, und, ehrlich gesagt, es gibt Zeiten, da genieße ich es, einfach mit mir allein zu sein. Aber es gab auch Augenblicke, in denen ich dachte, daß ein Zusammenleben mit jemandem seine Vorzüge hätte.“

„Klar“, echote Heike. „Mir ging es genauso. Nur hatte ich nicht viel Glück mit Zimmergenossinnen gehabt. Darum schreckte ich vor dieser Vorstellung zurück. Aber tagtäglich in eine finstere, leere Wohnung zurückzukehren, war unbefriedigend. Nie war jemand da, mit dem man einen lustigen oder glücklichen oder traurigen Augenblick teilen konnte. Jedenfalls, wenn ich nicht eine Freundin anrief oder mich aufraffte, jemanden zu besuchen.“

Gerda fiel ihr ins Wort: „Ich mochte Heike vom ersten Augenblick an, aber ich wollte nicht übereilt mit ihr zusammenziehen, ehe wir Freundinnen geworden waren.“

„Ich glaube, wir waren beide zufriedener, daß wir erst zusammenzogen, nachdem wir uns kennengelernt hatten“, sagte Heike.

„Ich könnte es bestimmt nicht so machen wie eine meiner Freundinnen“, lachte Gerda. „Sie inseriert in der Lokalzeitung, daß sie eine Zimmerkollegin sucht!“

Beide waren sich darin einig, daß das Leben in einer Wohngemeinschaft zu zweit dazu beiträgt, die leere Einsamkeit des Gefühls, von niemandem richtig verstanden zu werden, erträglicher zu machen.

„Es ist schön, sich verstanden zu fühlen." So beschrieben sie ihren einmaligen „Familien"verband. Ihr gesellschaftliches Leben verläuft unabhängig voneinander, obwohl sie gelegentlich gemeinsame Parties geben. Und sie gehören derselben Kirchengemeinde an, was ein gegenseitiges religiöses Interesse weckt. Gerda faßte ihre ursprüngliche Einsamkeit so zusammen:

„Die Wohngemeinschaft zu zweit hat mir geholfen, das Heimweh nach der Familie leichter zu ertragen. Meine Eltern leben in einer anderen Stadt und meine Schwester in einem anderen Staat. Ich führe ein erfülltes Leben und glaube, dennoch nicht so ichbezogen zu sein, wie ich es wäre, wenn ich allein lebte. Es ist großartig, mit einem anderen Erwachsenen zu teilen und dennoch die Verantwortung für mein eigenes Leben zu tragen. Tiefe Einsamkeit habe ich schon lange nicht mehr erlebt."

Die Familie im leeren Nest

Nachdem sie ein Leben lang Kinder aufgezogen haben, verbringen die älteren Menschen ihren Lebensabend entweder allein oder mit ihrem Partner. Leider stehen die Zeiten möglicher Erfüllung oft im Schatten der Vernachlässigung. Es ist viel darüber geschrieben worden, wie die älteren Menschen in ihrer Isolation, abgeschnitten von anderen, leiden. Es ist an der Zeit, einzusehen, daß jeder darunter leidet, von anderen abgeschnitten zu sein!

Die Einsamkeit ist unter den „Senioren" weit verbreitet, in erster Linie, weil der obligatorische Ruhestand so viel bedeutet wie keinen Platz im Leben zu haben. Diejenigen, die vital sind, haben sich nicht der Illusion ergeben, daß „das Alter eine Krankheit sei". Statt dessen haben sie weiterhin ein Ziel vor Augen und wissen sich nützlich zu machen. Eine gewisse Kraft bahnt Ihnen einen Weg durch die Einsamkeit, wenn Sie bejahen können, daß Sie einen Platz haben.

Ein Mann berichtete von sich aus, wie er unsere „Wegwerfgesellschaft" bekämpfte. „Ich blickte auf meine ganze Lebensgeschichte zurück", sagte er, „und entdeckte, daß viele der Erfahrungen, die ich gemacht hatte, nützlich sein könnten. Besonders mit dem neu erwachten Interesse an „Wurzeln" eröffnete sich mir ein neuer Weg, einen Beitrag zu leisten. Man hat mich gebeten, in meiner Gemeinde eine geschichtliche Vortragsreihe für Kinder im Grundschulalter zu halten. Es wird recht aufregend sein, über ihr Erbe in Worten meiner Erfahrung zu sprechen!"

Dieser Mann bildet leider die Ausnahme. Nur zu viele glauben, ,,alt sein" bedeute überflüssig sein und nicht gebraucht zu werden. Eine andere Frau, eine Witwe in den 70ern, sprach über die Augenblicke ihrer Einsamkeit. ,,Für mich ist Einsamkeit eine Seltenheit. Als mein Mann starb, blieb ich mit diesem riesigen Haus zurück. Ich wollte einfach nicht umziehen und auch nicht bei meinen Kindern wohnen. Sie haben ihr eigenes Leben, und solange ich es noch kann, will ich selber für mich sorgen. Jedenfalls möchte ich nicht, daß mich irgend jemand wie ein abhängiges Kind behandelt. Also vermietete ich ein paar Zimmer an vier junge Leute, die die Uni besuchen. Sie schlugen sich durch die Semester und brauchten ein Dach über dem Kopf, und ich habe ein festes Einkommen. So zahlen sie eine bescheidene Miete, und wir kochen gemeinsam. Wenn es geht, essen wir zusammen, und wir lernen gegenseitig unsere Freunde kennen. Es ist wunderbar! Es ist leichter, in einer großen Familie zu leben, mit Menschen, die nicht aus der leiblichen Familie stammen. Man gerät nicht in ein emotionales Tauziehen. Mit diesen Studenten lebe ich richtig auf, und ich glaube, daß auch ich ihnen etwas geben kann."

Was man versäumt, indem man die älteren Menschen isoliert, ist das, was mit der Weisheit des Alters kommt. Nicht Nostalgie oder die Rückschau auf die guten alten Zeiten, die manchmal gar nicht so gut waren; vielmehr sprechen ältere Menschen aus einer Weisheit heraus, die nur die Erfahrung lehren kann. Die letzten Lebensjahre können die beste Zeit sein, um den tiefsten Sinn des Lebens zu ergründen. Aber man beschäftigt sich so wenig mit einer Theologie, die den Wert und die Bedeutung des Altwerdens in den Vordergrund stellt.

Wir glauben, daß Gott alt ist und daß seine Weisheit die Zeitalter verkörpert, aber wie steht es mit einer Theologie des Alterns?

Nicht jeder hat eine große Familie wie die oben erwähnten Menschen. Über die Hälfte der älteren Leute leben für sich und sind allein. Manche haben Freunde, andere nicht. Manche können verreisen, um Verwandte zu besuchen, andere können sich nicht einmal den Bus bis zur Wohnung eines Freundes leisten. Diejenigen, die nicht verwitwet sind, sind möglicherweise an ihre Wohnung gefesselt. Sie haben erlebt, wie ihre Nachbarn starben oder fortzogen, ihre Pfarrer in andere Gemeinden versetzt wurden und ihre Freunde physisch erkrankten.

Die Einsamkeit tritt in der Lebensweise älterer Menschen verschärft hervor. Altsein bedeutet für jeden einzelnen etwas anderes. Wie jemand, der über das Pensionsalter hinaus lebt, behandelt wird, ist ein entscheidender Faktor für den Mantel der Einsamkeit, der so viele einhüllt. Schauen Sie sich nur den trostlosen Zustand derer an, die Generationen überlebt haben. Die älteren Menschen wissen, was es heißt, mit anzusehen, wie sie von ihren spärlichen Renten immer weniger kaufen können. Sie kennen die Einsamkeit zwangsläufiger Isolation, da Autos für sie zu kostspielig oder zu schwierig zu handhaben sind. Sie warten auf eine Familie, die keine Zeit hat, sie zu besuchen, auf einen Bus, der nicht kommt, auf einen Arzt, der keine Hausbesuche machen will, auf den Tag, an dem sie durch Krankheit, Siechtum oder Bewegungsunfähigkeit noch mehr in Abhängigkeit geraten.

Für viele bedeutet Altsein ein Dasein im Pflegeheim, wenn sie in der Stadt wohnen, und Isolation, wenn sie in einer ländlichen Gegend wohnen. Und für viele heißt Altsein vergessen sein, ausgenommen in den Zeiten, da Wahlen stattfinden. Es ist eine Zeit, in der sie vielleicht mit keinem anderen menschlichen Wesen in Berührung kommen, und das führt dazu, daß sie von Einsamkeit eingeschlossen sind.

Ja, viele der älteren Menschen sind einsam und werden wie Menschen zweiter Klasse behandelt. Und doch wünschen sich ältere Leute ebenso wie die Jugend und die Menschen mittleren Alters, Unabhängigkeit. Hilfe, ja, aber nur da, wo sie gebraucht wird und keine patriarchalische Abhängigkeit entstehen läßt, nur weil das Alter das Signal zu einem notgedrungenen Austritt aus dem Berufsleben gegeben hat.

Das Altwerden ist eine Übergangsphase, in der Sie vor einschneidenden Veränderungen stehen, auf die Sie sich einstellen müssen. Gewiß, wenn Sie in der Mitte des Lebens aktiv, anpassungsfähig und zuversichtlich sind, bringen Sie diese Eigenschaften mit sich. Aber Sie müssen immer noch mit Verlusten fertig werden. Zunächst einmal sind Sie gezwungen, Ihre Rolle im Berufsleben aufzugeben, die Ihrem Leben Konturen verliehen hat. Selbst wenn Ihr Können und Ihre Fertigkeiten dieselben geblieben sind, sind Sie aus dem breiten Strom der Gesellschaft ausgeschieden und als „abhängig" abgestempelt.

So erinnerte sich ein Mann unter Tränen: „Ganz plötzlich gehörte ich zum alten Eisen. Ich bekam meine goldene Uhr und wurde weggeschickt. Daß ich keine sinnvolle Arbeit habe, hat mir die Freude am Leben vergällt. Ich kann mich nicht länger achten, wenn ich gestern noch ein leistungsfähiger Ingenieur war und heute auf meiner Veranda hinter dem Haus sitze und blaue Eichelhäher verscheuche. Mir ist, als würde ich nur auf den Tod warten, oder als warteten zumindest alle anderen nur darauf!"

Das Bild des älteren Menschen von sich selbst wird von vielfachen Rollen-, Status-, Einkommens- und Gesundheitsverlusten geprägt. Und wenn Freunde, die Familie und Nachbarn sterben oder fortziehen, erkennen sie, daß sie isoliert sind, zu einem Zeitpunkt, da sie emotionalen Beistands bedürfen. Die Angst und Einsamkeit in solch einer Lage veranlaßt sie oft, gemeinschaftlichen Aktivitäten fernzubleiben, was wiederum ihre Isolation verstärkt. Für sehr viele Menschen ist das Gefangensein in diesem Teufelskreis ein schwieriges Problem.

Aber auch Gesunde und Energische müssen gegen die Klischees ankämpfen. In einer Gesellschaft, die die Jugend belohnt und für sie geschaffen ist, haben viele keinerlei Verständnis für die Menschen, die dieses Land mit ihrer Intelligenz aufgebaut haben. In Wirklichkeit sind viele alte Menschen durchaus imstande zu arbeiten, sich geistig fortzuentwickeln und ihre Freizeit produktiv zu nutzen. Sie würden das jedoch keineswegs vermuten. Schauen Sie sich doch nur die Inserate an, die sich an ältere Menschen wenden; sie drehen sich nur um Menschen, die nicht in der Lage sind, selbständig etwas zu leisten. Diese Inserate spiegeln die Vorstellung der breiten Öffentlichkeit wider, die wir von älteren Leuten haben.

Die älteren Menschen machen einen großen Teil unserer Gesellschaft aus. Viele von ihnen leben in „Altersheimen". (Hinter diesem Ausdruck verbirgt sich wieder die Klischeevorstellung, daß ältere Menschen ihre letzten Lebensjahre unproduktiv verbringen[1]!) Sie essen zusammen, teilen miteinander, raufen sich und sprechen miteinander wie eine Familie. Eine andere Form der Familie bringt jedoch ältere Leute, Menschen in mittleren Lebensjahren und Junge zusammen: die Kirche. Ältere Menschen legen im allgemeinen großen Wert auf Beziehungen, ohne Rücksicht auf das Alter. Ihnen gelten Kinder und Teenager ebensoviel wie Erwachsene. Ehepaare, ältere Menschen, Familien mit nur einem Elternteil, Mischfamilien (wo zwei geschiedene oder verwitwete Partner geheiratet haben) sowie traditionelle Familien sind in der Kirche vertreten. Die „Familie des Glaubens" kann eine Gemeinschaft sein, die uns an Wendepunkten Hilfestellung leistet.

Sind Sie schon einmal am Strand entlanggegangen und haben mit den Wellen gespielt? Die Wellen umspülen sanft Ihre Füße, bis plötzlich unvermutet eine große Welle bis an Ihre Knie emporschäumt. Diese Wellen treffen jeden einmal im Leben, meistens dann, wenn er am verwundbarsten ist. In unserem Zeitalter der Mobilität ist es, als wären Menschen beliebig verpflanzbar. Familien bilden sich oft aus Menschen, die in nächster Nähe leben, seien sie nun miteinander verwandt oder nicht. Mit zunehmendem Alter und sich wandelnden Umständen rücken sowohl der Horizont der Geburt als auch der des Todes näher. Ob Sie wollen oder nicht, Sie müssen sich auf eine erneute Selbstbeurteilung einlassen. Sie beurteilen das Leben, das bereits hinter Ihnen liegt, und erwägen die Möglichkeiten, die im nächsten Lebensabschnitt vor Ihnen liegen.

---

1 Die amerikanische Bezeichnung lautet „rest home", also sinngemäß „Ruhe-, Rast-, Erholungsheim", was die Klischeevorstellung, von der die Verfasserin spricht, verdeutlicht.

Familien schützen Sie nicht vor der Einsamkeit, aber sie können jedem nach seinen Bedürfnissen beistehen. Nehmen Sie sich Jesus zum Vorbild, dessen Familie die Jünger waren. Schauen Sie sich um. Wer bildet Ihre Familie, und wen laden Sie ein, sich ihr anzuschließen?

Sie leben Ihre Einsamkeit

Beantworten Sie die folgenden Fragen im Laufe des Tages oder der Woche aus Ihrer eigenen Erfahrung:

1. Traditionelle Familie

a) Was sind einige der einsamsten Zeiten, denen Sie begegnet sind? (Während der Krankheit eines Kindes, wenn Sie unrealistische Erwartungen hatten etc.)
b) Welche Aspekte Ihrer Ehebeziehung können Sie nur schwer bewältigen? Wie gedenken Sie, daran zu arbeiten?
c) Worin unterscheiden Sie sich von Ihrem Partner? Führen Sie Anschauungen, Formen der Bewältigung von Konflikten etc. an. Lernen Sie, Ihre Verschiedenartigkeit richtig einzuschätzen?
d) Wie gehen Sie mit Ihrem Zorn um? Machen Sie ihn zu einer konstruktiven oder destruktiven Erfahrung?
e) Wann waren Sie Ihrem Partner zuletzt böse? Einem Kind? Wie haben Sie sich dabei verhalten? Was würden Sie anders machen?
f) Welche Bedürfnisse erfüllt Ihr Gatte? Können Sie sich über die befriedigten Bedürfnisse freuen, oder pochen Sie auf die unbefriedigten? (Sind einige Ihrer unbefriedigten Bedürfnisse so unrealistisch, daß Ihr Partner ihnen nicht nachkommen kann?)
g) Wenn Ihre Ehe nicht so ist, wie Sie sie sich wünschen, wie wollen Sie daran arbeiten? Werden Sie eine Beratungsstelle aufsuchen? Warum oder warum nicht? Erkundigen Sie sich, welche Möglichkeiten zur Bereicherung Ihres Familienlebens in Ihrer Gemeinde und Kirche bestehen.
h) Bestimmen Sie Ihre Ziele für sich persönlich und Ihre Beziehung im religiösen, geistigen, physischen und emotionalen Bereich.

2. Alleinstehende Erwachsene

a) Nennen Sie die Menschen, die Ihnen am nächsten stehen.
b) Welche Schritte unternehmen Sie, um die Einsamkeit zu bewältigen?
c) Stecken Sie sich in jedem der folgenden Bereiche drei Ziele und setzen Sie sich eine bestimmte Frist, in der Sie sie erreichen wollen: religiöse, physische, emotionale Ziele.
d) Welche Zeiten sind für Sie am schwersten? Wie bewältigen Sie sie?

3. Im Ruhestand lebende und ältere Menschen

a) Welche Vorteile haben Ihr Alter und Ihre Lebensweise? Nachteile?
b) Welche Menschen bilden Ihre Familie? Nennen Sie sie. Es können Freunde, Verwandte, Nachbarn, etc. sein.
c) Was tun Sie für sich selbst?

d) Welche Möglichkeiten bestehen für Sie in Ihrer Gemeinde? Wenn Sie es nicht wissen, rufen Sie Ihren Pfarrer an und fragen Sie ihn.
e) Schauen Sie auf Ihr Leben zurück und denken Sie an die Zeiten, die Sie jemandem mündlich schildern könnten.
f) Was gefällt Ihnen an der üblichen Klischeevorstellung über ältere Leute nicht?
g) Was sind Ihre Lebensziele? Sie wissen, daß Sie noch immer ein brauchbarer Mensch sind!

4. *Glaubensfamilie*

a) Welche Programme bestehen in Ihrer Kirchengemeinde bereits für Familien?
b) Welche Randgebiete, welche Bereiche, denen mehr Aufmerksamkeit zu widmen ist, nehmen an Bedeutung zu? (Alleinstehende, Alte, Ehen, etc.)
c) Verurteilen Sie die „Familienverbände", die anders sind als der Ihrige? Wenn ja, warum? Haben Sie gelernt, Menschen als das zu akzeptieren, was sie sind?
d) Worin besteht Ihre Theologie des Altwerdens? Jeder wird alt, ob er dazu bereit ist oder nicht!
e) Nennen Sie Ihre Ziele im Hinblick darauf, wie Sie in der Gemeinde an Ihrem Wohnort mitwirken wollen. Welchen Beitrag wollen Sie leisten?
f) Besteht die Kirche aus Menschen oder aus Programmen? Denken Sie darüber nach. Worin besteht der Unterschied, wenn es einen gibt?
g) Welche Beispiele von Einsamkeit haben Sie in Ihrer Gemeinde erlebt?

7. Der Umgang, den Sie pflegen

Es war in der Mensa einer Universität. Menschen, die mit dem Essen fertig waren, schauten durch die Glaswände, die sie vom Freien trennten. Augen konzentrierten sich auf einen Lieblingszeitvertreib: Menschen beobachten. Studenten, mit Büchern bepackt, gingen die Treppe hinauf, die den einzigen Zugang von der Mensa im Untergeschoß zum darüberliegenden Erdgeschoß bildete. Mehrere Leute gingen an den Menschenguckern vorüber, die Augen auf die zehn Meter entfernt liegende Treppe gerichtet. Worte wurden nicht gewechselt. Gelegentlich gingen Leute allein daher, ohne von einer Menge umringt zu sein.

Da erschien ein Mädchen mit einem Stock, das langsam auf die Treppe zuging. Sie bewegte sich zögernd, während der Stock jeden Schritt zuvor abtastete. Die Treppe war so gebaut, daß die Studenten die ersten 15 Stufen hinaufgehen, sich auf dem Absatz in Zickzackrichtung zur Seite wenden und dann die nächsten 15 Stufen zum Erdgeschoß hinaufgehen mußten. Wenn man sich auf dem Absatz nicht seitwärts wandte, ging man unweigerlich wieder ins Untergeschoß zurück. Offensichtlich war das Mädchen gerade über diese Treppe vorher noch nicht gegangen. Sie stieg die ersten 15 Stufen hinauf, aber auf dem Absatz schritt sie geradeaus statt seitwärts. Es war, als sei sie eine Leiter hinaufgeklettert und stieg, oben angelangt, die Sprossen auf der anderen Seite wieder hinab. Das blinde Mädchen befand sich wieder im Untergeschoß. Dort blieb sie einen Augenblick lang verwirrt stehen, dann kehrte sie langsam zu ihrem Ausgangspunkt zurück, um ihren Aufstieg von neuem zu beginnen. Sie bewegte sich buchstäblich im Kreise. Die Menschengucker saßen regungslos, ohne zu sprechen. Keiner versuchte, dem blinden Mädchen mit dem Stock zu Hilfe zu kommen. Wirklich rührte sich auch niemand, als sie denselben Vorgang sinnlos wiederholte.

Bei ihrer dritten Runde machte sich einer der Menschengucker unbehaglich an seinen Büchern zu schaffen. Schweigend räumte er seine Papiere zusammen, schob seinen Stuhl an den Tisch und ging auf die Tür zu. Er kam hinter der schützenden Glaswand hervor, die die Menschengucker von den Vorübergehenden auf der anderen Seite trennte. Rasch war er bei dem Mädchen, berührte leicht ihren Arm und sah ihr Lächeln. Er führte sie beide Treppenfluchten hinauf, während die Menschengucker die Hälse reckten, um ihnen nachzuschauen. Beide lächelten und gingen jeder seiner Wege. Er besaß genügend Zuneigung, um sich um einen anderen Menschen zu kümmern. Die Menschengucker kehrten an ihre Arbeit zurück, schweigend vor sich hinstarrend, ohne sich um einander oder um die Vorübergehenden zu kümmern.

Eine der Lehren, die in der Sendung Jesu immer wieder durchscheint, ist sein Umgang mit Menschen. Es gibt anschauliche Beispiele, die zeigen, wie er mit den Menschen, die für sein Leben von Bedeutung waren, verkehrte, und wie diese Menschen auf ihn eingingen. Er erwählte zwölf gewöhnliche Männer zu seinen Jüngern. Diese Männer mit ihren Eigenarten, ihren Problemen, ihren Fragen und ihrer Vergangenheit erwählte Jesus zu seinen Gefährten, die an der Zukunft seiner Sendung teilhaben sollten. Die Jünger offenbarten Züge, die zu einem vertrauten Verhältnis gehören: Liebe, Freundschaft, Eifersucht, Machtkämpfe, Verrat, Mitleid, Mißverstehen, Skepsis. Es entspricht wirklich der Aussage eines wohlbekannten Etiketts: „Christen sind nicht vollkommen, ihnen wird nur verziehen." Die Einmaligkeit und die Gaben der einzelnen Jünger wurden nicht dadurch aufgehoben, daß sie Menschen waren. Und offenbar sah Jesus in der Verschiedenartigkeit keine Schwierigkeit. Christus wußte die Einmaligkeit und ihre Möglichkeiten zu schätzen.

Einer der Widersprüche unserer Gesellschaft besteht darin, daß Menschen nahe beieinanderleben, ohne sich kennenzulernen. Das Beispiel des blinden Mädchens ist bezeichnend dafür, wie Wände, selbst Glaswände, die Menschen vom Umgang mit anderen abhalten können.

Wenn Sie beginnen, Ihre Beziehungen zu erforschen, besinnen Sie sich zunächst eingehender darauf, wie Christus mit seinen „Stützen", den Jüngern, verkehrte. Als er sie erwählte, sagte er ihnen zunächst, wer er war. Im Laufe der Erfüllung seiner Sendung erklärte er ihnen immer wieder auf verschiedene Weise, wer er war. Wie bei jeder jungen Beziehung bestand Neugier, gab es Fragen und falsche Auslegungen. Die Angst, nicht verstanden zu werden, muß zeitweise eine einsame Erfahrung gewesen sein. Aber Jesus ließ denen, die um ihn waren, stets die Freiheit, sie selbst zu sein, selbst dann, wenn es wehtat.

Die Jünger konnten Jesus nicht davor schützen, die Erfahrung, die ihm bevorstand, durchzumachen. Umgekehrt schützte er sie nicht davor, sich selbst zu begegnen und im Glauben und in ihren Beziehungen zu anderen zu wachsen. Er ließ sogar zu, daß eine Beziehung zerbrach. Judas verstand nicht, was „Messias" bedeutete. Zu spät erkannte er, daß er überhaupt nicht verstanden hatte. Selbst als Jesus ihm seinen bevorstehenden Verrat vor Augen führte, war Judas imstande, auf seine Weise auf ihre Beziehung einzugehen. Welch erschütterndes Beispiel für den Wandel einer Beziehung!

Jesus verstand, daß Menschen in ihren Beziehungen verschiedene Dinge zu geben haben. Manche nahmen ihn bei sich auf, andere fühlten mit ihm, wieder andere boten ihm Zuflucht vor der Menge.

Die Menschen reagierten auf Jesus auf ihre Art und entsprachen den verschiedensten Bedürfnissen. Selbst die Auferstehung war von der Einmaligkeit des einzelnen berührt. Maria Magdalena erkannte seine Stimme, als sie dachte, er sei der Gärtner am Grab. Sie gab die erste Verkündigung ab, als sie sagte: „Ich habe den Herrn gesehen" (Joh. 20, 14—18). Johannes erkannte seine einmalige Fähigkeit zu fischen, als er ihn zunächst nur für einen anderen Fischer hielt (Joh. 21, 4—7). Petrus, der Fels, war gar nicht immer so stark. Er hatte Christus dreimal verleugnet, aber der Herr, der die zweite Gelegenheit möglich machte, begegnete ihm von Angesicht zu Angesicht mit Liebe und forderte ihn wie in früheren Jahren auf: „Petrus, folge mir nach" (Joh. 21, 15—19).

Thomas, der Zweifler, reagierte auf die Auferstehung mit einer Frage. Er war nicht davon überzeugt, daß Christus auferstanden war. Er sah im Glauben nicht eine Alternative zum Wissen, sondern einen Weg zur Weisheit. Er wollte sich selbst überzeugen. Sein Zweifel wurde zu einer tieferen Bindung und Wahrheit, als er sich seinen Fragen offen stellte.

Jesus erlebte vielfältige Beziehungen und wußte dies offenbar zu schätzen. „Auch mir ist er erschienen" war die Botschaft der Auferstehung, die zum Ausdruck brachte, was in den Leben der Menschen vorging. Sie kennzeichnete auch eine Zeit des Abschiednehmens. Christus hätte auferstehen, das Wissen um sein Erscheinen verbreiten und gehen können, aber er tat es nicht. Er sprach mit denen, die ihm nahegestanden hatten, erklärte ihnen, was „Abschiednehmen" bedeutet und bestimmte den Kurs in neue Richtungen „in seinem Namen".

Beziehungen sind wichtig, aber sie bleiben nicht lange so, wie sie sind. Sie entwickeln sich, verändern sich und passen sich an, am Anfang aber steht der Umgang mit Menschen. Für Menschen, die mit der Entwicklung der Zeit gehen, hat dies Konsequenzen, nicht nur in bezug auf den Glauben, sondern auch in bezug auf die Form ihres Verkehrs. Mit welchen Menschen verkehren Sie?

Unendlich viel ist über die Ehe, das Leben als Alleinstehender, die Beziehungen zwischen Mann und Frau, die Lehrer-Schülerrollen und andere Interaktionen geschrieben worden. Erst kürzlich sind die Verhaltensmuster im menschlichen Umgang und die Bedeutung, die Freunde für uns haben, untersucht worden. Freundschaften verraten viel darüber, wer Sie sind, auch manches, was Sie vor sich selbst verbergen. Intakte Beziehungen sind der Hintergrund und ein Halt für Sie, um mit der Wirklichkeit des täglichen Lebens fertigzuwerden. Destruktive oder stagnierende Beziehungen verstärken die Einsamkeit, ob Sie nun verheiratet, geschieden, verwitwet oder alleinstehend sind.

Die Erkenntnis, wie Sie mit Menschen verkehren, kann Ihnen nicht nur neue Einblicke in sich selbst eröffnen, sondern auch den Weg für Veränderungen und kreative Freundschaften bahnen. Einen Schlüssel zu Ihrem Bild von sich selbst finden Sie, wenn Sie darauf achten, wie Sie sinnvolle Freundschaftsbeziehungen aufbauen oder nicht aufbauen.

Isolde, eine attraktive, schlanke Frau Mitte 30, erinnerte sich an einen schmerzhaften Lernprozeß, den sie durchlaufen hatte. „Als ich aufwuchs, ließ ich mich immer von anderen Menschen ausnutzen. Selten, wenn überhaupt, sagte ich Nein, ob ich wollte oder nicht. Wollte ein Freund etwas ausleihen, bitte sehr. Sollte ich jemandem beim Umzug helfen, so disponierte ich meine Pläne um, um den Termin wahrzunehmen. Viele Nächte blieb ich wach und hörte Menschen zu, die mir ausführlich ihre Probleme schilderten, aber niemals sprach ich mich selber aus. Ich fühlte mich nicht wohl, wenn sich nicht Menschen auf mich stützten.

Schließlich wurde ich deprimiert und war nicht imstande, mich aus diesem Zustand zu befreien. Ich sprach mit meinem Pfarrer, einem einfühlsamen Menschen, der eine berufliche Ausbildung besaß, die es ihm ermöglichte, menschliche Verhaltensweisen zu verstehen. Im Verlauf unserer Sitzungen versuchte ich, meine Probleme bei ihm abzuladen, genauso, wie es die Leute bei mir taten. Es geschah jedoch etwas Merkwürdiges. Er weigerte sich, sie anzunehmen! Ich war verblüfft. Nur auf diese Weise wußte ich Beziehungen zu pflegen. Jetzt bin ich dabei, die Wirklichkeit meines Lebens zu erforschen!"

Isoldes Problem ist weit verbreitet. Sie lernte Kontakt pflegen, indem sie sich um andere Menschen kümmerte. Ihre Bedürfnisse wurden erfüllt, indem sie andere bemutterte und umhegte. So suchte sich Isolde Freunde, die abhängig waren und Ansprüche an sie stellten. Solange sie nicht lernt, sich wohlzufühlen, ohne Menschen „helfen" zu müssen, wird sie einsam, enttäuscht und niedergeschlagen bleiben. Denn wenn sie eine Krise erlebt, werden diese Freunde unfähig sein, ihr in irgendeiner Form emotional beizustehen. So sind ihre Beziehungen zu Isolde nicht angelegt.

Folglich werden die Freunde, die sie um sich hat, sie in ihrer ohnehin schon geringen Meinung von sich selbst nur bestärken. Was Isolde unter anderem lernt, ist, daß sie durch die Wahl ihrer Freunde zu ihrem niedrigen Selbstgefühl beiträgt. Wenn sie die Angst, anderen zu vertrauen, bewältigt, wird sie diese destruktive Form des Umgangs verändern können.

Beziehungen werden von dem Bild, das Sie von sich selbst haben, geprägt.

Glauben Sie, daß Sie liebenswert sind? Sind Sie mit Ihren Gefühlen einverstanden? Tun Sie etwas für sich selbst? Manche Christen glauben, es sei egoistisch oder eitel, eine positive Meinung von sich selbst zu haben. Aber Selbstherrlichkeit ist etwas anderes als eine echte Anerkennung Ihrer selbst als Mensch. Ohne die Fähigkeit, sich selbst zu lieben, verstärken Sie Mißtrauen, Angst und Einsamkeit.

Am Anfang steht die Frage, was Sie sich selbst bedeuten. Sie können anderen nur dann Liebe und Anerkennung entgegenbringen, wenn Sie auch sich selbst lieben und anerkennen können. In dem Maß, wie Sie sich und Ihre Einmaligkeit zu schätzen wissen, können Sie andere ermutigen, es Ihnen gleichzutun. Die Bibel unterstreicht diesen Wertbegriff. Der Satz „Du sollst deinen Nächsten lieben wie dich selbst" setzt voraus, daß Sie sich selbst achten.

Selbsterkenntnis ist schwer. Die meisten Menschen verstehen es ausgezeichnet, Fragen auszuweichen, die zu einer Selbstbegegnung führen. Sie werden perfekt darin, ihr Leben mit Zerstreuungen auszufüllen, und Meister in der Kunst, sich andere Menschen vom Leibe zu halten. Das steigert ihre Einsamkeit und zehrt die Kräfte auf, die sie brauchen, um sich auf sich selbst zu besinnen.

Ein Entwicklungsvorgang beginnt, wenn Sie Ihre Grenzen akzeptieren. Sie können ebensowenig alles für alle Menschen sein, wie Sie vollkommen sein können. Wo und auf welchen Gebieten liegen Ihre Grenzen? Natürlich ist Reifen keine Privatsache. Eine Entwicklung vollzieht sich, indem Sie sich anderen Menschen, Gedanken und Gefühlen überlassen und aufgeschlossen sind für das, was sie Sie lehren können. Achten Sie auf Ihre Gefühle, wenn Sie auf andere eingehen, besonders auf die Menschen, die für Ihr Leben von Bedeutung sind. Die Spannung der Selbstprüfung fordert Sie auf, vorwärtszuschreiten und macht Sie aufgeschlossen für Gottes Wirken in Ihrem Leben.

An diesem Punkt Ihres Lebens mögen Sie viele oder wenige Menschen haben, die Sie Freunde nennen. Die Zahl ist unwichtig; maßgebend ist die *Güte* der Beziehung.

Sandi

„Was ich am wenigsten erwartet hatte, als ich mich scheiden ließ, war, wie meine Freunde die Scheidung aufnahmen. Für die meisten kam sie überraschend. Nur eine Freundin wußte von den Problemen, die wir gehabt hatten. Die meisten der mit uns befreundeten Ehepaare haben für die eine oder andere Seite Stellung bezogen, obwohl wir sie ausdrücklich baten, es nicht zu tun. Die wenigen Paare, die nach wie vor mit uns beiden verkehren, haben ihre eigenen Probleme. Ein Ehepaar kann uns anscheinend nicht als Einzelpersönlichkeiten betrachten. Sie verkehren immer noch mit einem Paar. Bob und Shirley haben versucht, Verständnis zu zeigen, aber sie wissen nie, wen von uns sie zu welcher Grill-Party einladen sollen. Ich versuche, andere Leute kennenzulernen, denen es in mancher Hinsicht so geht wie mir, aber es ist schwer. Selbst in der Gruppe Alleinstehender in der Gemeinde stelle ich fest, daß ich Angst habe zu vertrauen, und doch nur allzu bereit bin, die Erwartungen anderer zu erfüllen.

Ich bin so einsam. Ich fühle mich in einem Übergang begriffen. Ich möchte lernen, auf eigenen Füßen zu stehen, aber ich brauche unbedingt jemanden, der mein Freund ist. Ich wußte nicht, wie wichtig Freunde sind, bis mein Leben zu einem Wirbel von Gefühlen und Ereignissen wurde.“

Fred und Judith

Dieses Ehepaar hat ständig Menschen um sich, und doch sind sie einsam. Freds Bekannte sind in erster Linie Geschäftsfreunde oder Golfpartner. Judith plant den gesellschaftlichen Terminkalender, der Fred gleichzeitig gefällt und mißfällt. Er mag die Freunde, die Judith bevorzugt, nicht; sie wird der Frauen seiner Geschäftskollegen überdrüssig. Fred bringt nicht allzuvielen Menschen Vertrauen entgegen. Er ist beliebt, weil er freigiebig ist, sich um andere Menschen kümmert und es versteht, andere ins Gespräch zu ziehen. Er hat eine einflußreiche Stellung in der Firma, fühlt sich zu anderen Einflußreichen hingezogen und zieht diejenigen an, die seinen Einfluß spüren. Aber Fred ist ein schwieriger Mensch. Er weiß mehr über seine Freunde als sie über ihn. Für ihn ist Selbstoffenbarung von Nachteil. Ab und zu hat er Zeit, sich selbst zu begegnen, aber da ihm das, was er da sieht, nicht gefällt, treibt ihn seine Unsicherheit dazu, noch mehr Ämter in Ausschüssen zu übernehmen, noch mehr Sitzungen beizuwohnen oder sich bereitzuerklären, noch ein weiteres Jahr in einer Sonntagsschulklasse zu unterrichten.

John und Eileen

Ein Ehepaar erkannte, daß Freunde wie eine große Familie sind. Als ihr Kind in einem Unfall getötet wurde, reagierten Freunde darauf mit christlicher Sorge und Mitgefühl. Sie waren immer mit Ehepaaren befreundet gewesen, aber jeder hatte auch persönliche Freunde. Nach dem Tod ihres Sohnes brauchten sie diese Freunde mehr denn je. Sie trauerten sehr um Rob. In der

Phase ihrer Trauer, da sie zornig fragten: „Warum?" und nach der Funktion Gottes in diesem Unglück fragten, trugen manche Bekannte noch zu ihrem Kummer bei. Die Menschen, die ihnen weniger nahestanden, sagten: „Es war Gottes Wille", oder: „Das wäre nicht geschehen, wenn Ihr nicht im Glauben versagt hättet." War es so?

Da sie solchen Phrasen nicht gewachsen waren, zogen sich John und Eileen zurück. Sie gingen weiterhin in die Kirche. Sie brauchten die Kraft, die Gott ihnen mehr denn je geben konnte. Aber sie gaben ihren Zorn nicht jedem Beliebigen zu erkennen, der sie fragte: „Wie geht's?" Sie fürchteten, manche Gemeindemitglieder würden glauben, daß etwas in ihrem religiösen Leben nicht stimme, und sie hatten die Nase voll von Menschen, die es gut mit ihnen meinten. Wenn sie aufrichtig sein wollten, wandten sie sich an ihre große Familie verständnisvoller Freunde. Diese Menschen kannten sie gut und verstanden ihren Kummer. Sie drängten sie nicht, sich voreilig auf irgend etwas festzulegen. Und sie konnten mit ihnen „in seinem Namen" zusammen sein, ohne ihnen eine Predigt zu halten oder ihren Glauben in Zweifel zu ziehen.

Eigenschaften einer Beziehung

Die folgenden Ausschnitte werfen ein Licht darauf, wie wichtig Freundschaft für uns ist. Eines der Grundbedürfnisse aller Menschen ist es, zu lieben und geliebt zu werden. Wenn sie das entbehren, sind die Einsamkeit und ihre Auswirkungen auf die Selbstachtung verheerend.

Bestimmte Eigenschaften einer Beziehung können jedoch, wenn sie nicht berücksichtigt werden, Gefühle der Entfremdung und die Angst vor der Einsamkeit steigern.

Erwartungen. Sie gehen eine Beziehung mit allen erdenklichen unausgesprochenen Erwartungen ein: wie die Beziehung sein wird, was Ihrer Ansicht nach einen guten Freund ausmacht, und wie ein Freund Ihrem Wunsch gemäß auf Sie eingehen sollte. Oft mögen Sie glauben, die Bedürfnisse und Grenzen Ihres Freundes zu kennen und zu wissen, was er sich von Ihnen wünscht, ohne es mit ihm gemeinsam herauszufinden. Ein Freund erzählt Ihnen beispielsweise von einer persönlichen Lebenskrise. Sie beeilen sich, ihm einen Rat zu geben oder zu sagen, was Sie an seiner Stelle tun würden (was Sie nicht wissen *können,* wenn Sie sich nicht gerade in seiner Lage befinden). Der Freund reagiert zornig, abwehrend oder zieht sich zurück, und Sie verstehen ihn nicht. Wenn Sie mit ihm seinem Problem nachgegangen wären, ohne gleich eine Antwort zu geben, hätten Sie vielleicht erkannt, was er Ihnen sagen wollte, was ihm schon dazu hätte verhelfen können, klarer zu sehen. Vielleicht auch wollte er nur, daß Sie sich um ihn kümmern und mit Anteilnahme reagieren. Wenn man nicht über seine Erwartungen spricht, fühlen sich beide enttäuscht und mißverstanden.

Grenzen. Die meisten Menschen möchten lieber wissen, wo die Grenzen einer Beziehung liegen, als sich als Eindringling zu fühlen. Sabine beantwortete in ihrem Fall Fragen über ihre Scheidung, selbst wenn sie ihrer Ansicht nach niemanden etwas angingen. Vielleicht hätte sie sagen können: „Ich möchte über eine so persönliche Frage nicht gern sprechen" oder „Es tut mir zu weh, darüber zu sprechen, aber danke für dein Verständnis"; sie hätte irgendwie darauf hinweisen können, daß sie für sich selbst verantwortlich ist. Dann hätte sie sich nicht über denjenigen geärgert, der sie fragte, oder über sich selbst, weil sie davon sprach. Wie jeder ist sie frei, mit Menschen zu sprechen, denen sie vertraut, und zu anderen Nein zu sagen. Niemand ist verpflichtet, sich von anderen beeinflussen zu lassen, was auch immer ihre Beweggründe sein mögen.

Aufrichtigkeit. Beziehungen pflegen heißt Wagnisse auf sich nehmen und einen Teil seiner selbst geben. Es heißt auch, in bezug auf Gefühle aufrichtig sein, sowohl die Ihren als auch die des anderen. Manchmal bedeutet das, daß Sie einem Freund sagen können: „Ich möchte eine Zeitlang Abstand haben." Abstand heißt nicht Ablehnung. Aufrichtigkeit bedeutet auch, daß Sie Ihren Freund anerkennen und ermutigen. Das ist eines der größten Geschenke der Freundschaft.

Geduld. Die Rücksicht, die Sie auf einen Freund und auf seine Entwicklung nehmen, äußern Sie, wenn Sie ihm die Freiheit lassen, auf seine Weise und so lange, wie er dazu braucht, zu wachsen; wenn Sie an seinen Gedanken und Gefühlen, auch an seiner Verzweiflung teilnehmen. Sie können einem anderen nur dann Raum lassen, sich zu entwickeln, wenn Sie mit sich selbst Geduld haben können.

Vertrauen. Liebe genug haben, um dem anderen seine Freiheit zu lassen. Einem Freund vertrauen heißt darauf verzichten, ihn beherrschen, formen oder vor den Lehren, die das Leben erteilt, beschützen zu wollen. Statt eine Abhängigkeit zu begünstigen, bestärken Sie den anderen vielmehr in seiner Freiheit, in der gegenseitigen Abhängigkeit und in der Fähigkeit, Verantwortung für sich selbst zu übernehmen. Es ist nicht immer bequem, weil Sie nicht wissen, wie es ausgeht. Es ist ein Weg, den Sie Tag um Tag, Schritt für Schritt zurücklegen. Andererseits können Sie einem anderen nicht vertrauen, solange Sie nicht lernen, sich selbst zu vertrauen, Entscheidungen zu treffen und die Verantwortung für ihre Folgen zu übernehmen.

Zuhören, Reagieren und Selbstoffenbarung. Das sind verschiedene, doch verwandte Eigenschaften. Sie bestehen darin, daß Sie die Wirklichkeit eines anderen aufnehmen, auf sie eingehen und Ihre Wirklichkeit teilweise zu erkennen geben. Manchmal werden Sie damit konfrontiert, wenn Sie glauben, daß diese Eigenschaften ausgenutzt werden; es könnte ein Teilen gemeinsamer Freuden sein; vielleicht ist es ein Austausch von Ideen, Gedanken und Gefühlen. Im wesentlichen besteht es in der *Gegenseitigkeit.* Wenn diese Eigenschaften einseitig vorhanden sind, sollten Sie nach der Bedeutung der Beziehung fragen. Wenn Sie in der Rolle dessen sind, der immer zuhört, und Ihr Freund der ständige Sprecher ist, besteht kein Ausgleich in Ihrer Beziehung.

Richtige Einschätzung der Verschiedenheit. Gelegentlich unterliegen Sie vielleicht der Versuchung zu glauben, daß Menschen, um Ihre Freunde zu sein, genau wie Sie denken, reagieren, fühlen müssen, und daß alles, was Sie interessiert, auch sie interessieren muß. Wie engstirnig! Selbst in manchen Kirchengemeinden kommen Menschen nicht als mögliche Freunde in Frage, wenn sie mit einer theologischen Ansicht oder mit der Form, in der der Geistliche den Gottesdienst schließt, nicht einverstanden sind! Sie werden eine Erfahrung, an der Sie wachsen können, versäumen, wenn Sie nicht gelernt haben, mit *verschiedenen Menschentypen* umzugehen. Das heißt nicht, daß jeder, dem Sie begegnen, ein Freund werden wird, aber es heißt auch nicht, daß Freunde alles gemeinsam haben müssen.

Begreifen Sie, daß es verschiedene Arten von Freundschaft gibt. Vielleicht haben Sie Bekannte, die Sie nur flüchtig kennen, oder die eventuell einmal Freunde werden können. Manche Freundschaften mögen auf die Befriedigung bestimmter Bedürfnisse oder Interessen beschränkt sein. Dazu gehören Golfpartner, Fahrgemeinschaften und andere zweckgebundene Bekanntschaften. Freundschaften, die mehrere Jahre überdauern, können auf der gemeinsamen Vergangenheit beruhen. Diese Beziehungen haben sich entweder zu Beziehungen von Bedeutung entwickelt, oder sie dauern mehr aus Tradition fort denn aus innerer Beteiligung.

Hoffentlich haben Sie auch gute Beziehungen, die auf gegenseitige Liebe und Achtung füreinander gegründet sind. Eine enge, wachsende Freundschaft zu pflegen erfordert viel Kraft. Ein Freund, der Sie so akzeptieren kann, wie Sie sind, ist ein besonderes Geschenk. Und wenn Sie frei sein können, Sie selbst zu sein, geben auch Sie dem Freund etwas. Miteinander vertraut sein bedeutet, daß Sie sich dem anderen so zeigen, wie Sie wirklich sind. Und Sie können nicht aufrichtig sein, wenn Sie sich nicht zunächst mit sich selbst auseinandersetzen. Ihr Inneres kennenzulernen erfordert Zeit und Arbeit. Wahre Freundschaften sind so selten, daß, wenn Sie drei oder vier vertraute Beziehungen im Leben haben, es mehr sind, als die meisten Menschen haben. Die Kunst, ein Freund sein zu lernen, wird in unserer vom Konkurrenzdenken beherrschten Gesellschaft nicht gepflegt.

Beziehungen dauern nicht immer fort, und es ist wichtig, richtig Abschied zu nehmen. Menschen, die in einem Lebensabschnitt Freunde waren, haben vielleicht in späteren Jahren nichts mehr gemeinsam. Das kann zu Konflikten, Mißverständnissen und emotionaler Zürückhaltung führen. Lassen Sie die Beziehung nicht langsam absterben, sondern sprechen Sie über sie und darüber, wie Sie sie erleben. Vielleicht läßt sie sich wiederherstellen; andernfalls können Sie sich mit der Traurigkeit des Abschiednehmens auseinandersetzen. Sabine zum Beispiel wird sich zweifellos von Freunden trennen, die sich aus verschiedenen Gründen nicht mit der Veränderung ihrer Lebensweise abfinden können. Andere Freundschaften enden einfach, weil die Menschen sich in zwei verschiedenen Stadien ihrer Entwicklung befinden. Ende und Anfang sind eine normale Lebenstatsache.

Manche Beziehungen sind oder werden destruktiv. Das ist zum Beispiel der Fall, wenn Sie sich in der Gegenwart eines bestimmten Menschen schlechter, einsamer fühlen oder eine geringere Selbstachtung empfinden. Wenn das der Fall ist, müssen Sie sich unbedingt über diese Beziehung klar werden, um zu erkennen, was Sie daran bindet.

Wir suchen uns Freunde, um das Bild, das wir von uns selbst haben, zu festigen. Wenn Sie sich mit sich selbst auseinandersetzen und sich fortentwickeln, kommt dies in Ihren Beziehungen zum Ausdruck. In den meisten Fällen wird es bedeuten, daß man neue Beziehungen knüpft, sich von anderen löst und sich darum bemüht, wieder andere, vertraute Freundschaften aufrechtzuerhalten. In Zeiten intensiven Wachstums werden Sie erkennen, daß Sie Abstand von intensiven Verbindungen nehmen müssen. Leiden erschöpft die Kräfte. Wenn Sie darüber sprechen können, können Sie sich besser fortentwickeln und ein größeres gegenseitiges Verständnis in Ihrer Partnerbeziehung ermöglichen.

Eine enge Beziehung pflegen heißt, genügend Vertrauen beweisen, um ein Risiko einzugehen, und lernen, was Ihr Freund über Ihre Persönlichkeit widerspiegelt. Sie werden ebensowenig alles über Ihren Freund erfahren, wie Sie sich selbst je vollständig kennen werden. Selbst in der Freundschaft ist jeder Mensch für sich selbst und vor Gott verantwortlich und nicht den Erwartungen anderer gegenüber. Wenn Sie sich entscheiden, sich selbst zu wagen, kann es eine Entdeckungsfahrt sein. Aber es wird Widersprüche geben. Wo Vertrautheit ist, ist auch Abstand, wo es Selbstverständnis gibt, gibt es auch die Fähigkeit, einem anderen Verständnis entgegenzubringen, und wo Liebe ist, besteht eine Bindung an das Wachstum eines anderen.

Sie leben Ihre Einsamkeit

Beantworten Sie die folgenden Fragen im Laufe des Tages oder der Woche aus Ihrer eigenen Erfahrung:

1. Nennen Sie die Freunde, die für Ihr Leben von Bedeutung sind. Welche Eigenschaften ziehen Sie an jedem einzelnen an?
2. Führen Sie die Beziehungen auf, die Bekanntschaften, mögliche Freunde, zweckgebundene Beziehungen, Freundschaften, die aus der Vergangenheit herrühren oder vertraute Beziehungen sind. Möchten Sie eine dieser Verbindungen intensiver pflegen?
3. Schleppen Sie irgendwelche destruktiven oder „toten" Beziehungen mit sich? Welche? Wie gedenken Sie, mit ihnen fertigzuwerden?
4. Was spiegeln Ihre Freunde über Sie wider? Sagen Sie, welche Züge Sie erkennen.
5. Was, wenn überhaupt etwas, erschreckt Sie an Ihrem vertrauten Umgang mit einem Menschen?

8. Sie leben Ihre Einsamkeit

Die Einsamkeit kann Sie überwältigen, ob Sie sich in der Gesellschaft anderer befinden oder nicht. Daher stürzt die Furcht vor Einsamkeit manche Menschen oft in Entsetzen und Panik. Wenn Sie die Zeiten Ihrer Einsamkeit als eine Gelegenheit zur Fortentwicklung nutzen wollen, müssen Sie zunächst erkennen, was Sie ängstigt. Vielleicht können Sie die Einsamkeit nicht aus der Welt schaffen, aber Sie können Ihre Ängste überwinden, und diese Erfahrung kann für Sie wertvoll sein.

Die Einsamkeit ist eine Lebenstatsache, aber sie sagt nichts über Ihren Selbstwert oder Ihre Einmaligkeit als Persönlichkeit aus. Versuchen Sie sich selbst im Geiste dem zu stellen, was Einsamkeit für Sie bedeutet und was Sie daran erschreckt. Es mag Ihnen bei Ihren Gefühlen unbehaglich zumute sein, aber Sie brauchen sich nicht behaglich zu fühlen, um sich über Ihre Gefühle klar zu sein. Wenn Sie es ständig durch Zerstreuungen vermieden haben, sich selbst kennenzulernen, werden Sie feststellen, daß der erste Schritt, Angst zu überwinden, darin besteht, Ihre eigenen inneren Anlagen zu entwickeln.

Eine Frau gestand freimütig, wohin sie sich vorzugsweise flüchtete: „Wenn ich nahe daran bin, in Panik zu geraten, drücke ich auf das Knöpfchen am Fernseher. Ich habe schon bis in die Morgenstunden vor dem Bildschirm gesessen, wenn er mir „Gute Nacht“ sagte. Gelegentlich versuchte ich, die Einsamkeit zu verschlafen, aber dann wachte ich um 4.30 Uhr in einem panischen Anfall von Angst auf. So ist es, wenn es keinen Ausweg gibt.“

Jeder versucht zu fliehen. Manche Menschen überessen sich, andere sehen sich rührselige Fernsehspiele an, werden arbeitssüchtig, nehmen Daueraktivitäten auf, gehen aus, um Geld auszugeben, haben ständig Leute um sich, versuchen, den Kummer mit Alkohol oder Drogen zu betäuben. Die Zahl der möglichen Ausflüchte ist endlos. Das Ergebnis ist jedoch Selbstmitleid und ein Verlust an Selbstachtung. Unfähigkeit, mit sich selbst zu leben, beeinträchtigt das Selbstwertgefühl; wenn wir dagegen lernen, uns den Ängsten zu stellen, machen wir einen Schritt auf eine positive Selbstachtung zu.

„Ich begann zum ersten Mal, die Zeiten meiner Einsamkeit zu nutzen, als ich ihre Ursache verstand“, erinnerte sich ein Mann. Statt zu überlegen, was nicht mit mir in Ordnung war oder zu versuchen, vor mir selbst davonzulaufen, verwandte ich meine Energie darauf, etwas Wertvolles aus dieser Erfahrung zu gewinnen. Ich sichtete neue Gedanken, betete, las ein Buch, das ich schon immer hatte lesen wollen, traf maßgebende Entscheidungen oder beurteilte meine Ziele aufs neue. Es wurde eine Zeit des Wachsens, wenn auch manche Augenblicke wehtaten.“

Die Ursachen der Einsamkeit

Einsamkeit kann durch zahlreiche Erlebnisse ausgelöst werden — man vermißt einen bestimmten Menschen, fühlt sich fern von Gott, möchte mit einem bestimmten Freund sprechen. Manchmal können ganz belanglose Ereignisse den Kummer der Einsamkeit auslösen — ein trauriger Film, ein Gedicht oder ein eindrucksvoller Sonnenaufgang über dem See können tief innerlich einen Widerhall hervorrufen. Auch Wochenenden, an denen eine hektische Arbeitswoche hinter uns liegt, sind Zeiten, zu denen der fehlende feste Zeitablauf unbestimmte Gefühle verstärken kann. Es ist erstaunlich, wie sehr Stimmungen durch eine bloße Wetteränderung beeinflußt werden. Regnerische oder trübe Tage, Schneestürme oder die Finsternis der Nacht können Sie überfallen. Alle Ereignisse, die ein Zeichen dafür sind, wie die Zeit vergeht, wie zum Beispiel Urlaub, Jahrestage, Geburtstage lieber Verstorbener oder Pensionierung können Gefühle der Einsamkeit und Leere auslösen. Es bedarf keiner gewaltigen Krise, um einsame Augenblicke hervorzurufen. Ja, die Ereignisse, die wir als selbstverständlich betrachten, sind bereits ein Gewebe aus Fäden der Einsamkeit: in eine andere Stadt ziehen, von einem Freund Abschied nehmen, auf einem Flughafen, an einer Bushaltestelle oder in einem Krankenhauswartezimmer sitzen. Emotionale Erlebnisse können in einsame Betrachtungen einfließen. Aber auch gesundheitliche Veränderungen wie Krankheit oder Erschöpfung erregen die Schwächegefühle, die mit Zeiten der Einsamkeit verbunden sind. Die Ursachen der Einsamkeit sind so vielfältig wie die Stimmungen der Menschen.

So stellte eine Frau fest: „Die verheerendste Einsamkeit meines Lebens überkam mich, als eine Kommilitonin von der Uni und ich uns nach sechs Jahren wiedertrafen. Wir erkannten, daß die enge Beziehung, in der wir all unsere verborgensten Gedanken geteilt hatten, sich gewandelt hatte. Wir befanden uns in unterschiedlichen Situationen — unsere Ziele, unsere Interessen, unsere Denkweise — alles war anders. Ihr war es langweilig, etwas über meinen Beruf zu erfahren; mich langweilte es, zuzuhören, wie sie von den Arztterminen, Erkältungen und neu gelernten Wörtern ihrer Kinder erzählte. Was wir gemeinsam hatten, waren Erinnerungen an die Vergangenheit. Jetzt sind wir unfähig, die Kluft zwischen unseren beiden Welten zu überbrücken.“

Das Erkennen der Quelle und Ursache Ihrer Einsamkeit ist der erste Schritt, sie zu bewältigen. Wenn Sie die einmalige Struktur Ihrer Einsamkeit erkennen, können Sie häufig den Kummer lindern. Stellen Sie sich Fragen. Wann begann das Tiefgefühl? Was machten Sie gerade? Mit wem waren Sie zusammen? Woran dachten Sie? Wie lange dauerte es? Wie verhielten Sie sich den Gefühlen gegenüber? Ihre Antworten auf diese Fragen können Ihnen zu einer gewissen Kontrolle über die Zeiten Ihrer Einsamkeit verhelfen. Es wird jedoch immer einsame Zeiträume geben. Und in diesen Zeiten können Sie sich eine Gelegenheit zur persönlichen Fortentwicklung schaffen.

Beispielsweise können Sie, wenn Sie die Einsamkeit einmal als natürlich akzeptiert haben, die Energie, die Sie früher darauf verwendeten, sie zu bekämpfen, in positive Bahnen lenken.

Eine Frau führte sechs Monate lang Tagebuch über ihre Stimmungen. Dabei erkannte sie nicht nur, was einige ihrer einsamen Zeiten verursachte, sondern auch, daß sie Situationen konstruktiver anfaßte, als sie erkannte, welche Gewohnheiten sie ändern wollte.

Ein anderer Mann sah ein, daß die meisten seiner Beziehungen oberflächlich waren. Wenn er sich wirklich danach sehnte, mit jemandem über andere Dinge als Geschäfte zu sprechen, sah er die Leere in seinem Leben. Er hatte keine Freundschaften aufgebaut, in denen er sein tiefstes Selbst mitteilen konnte. Seine Lösung bestand teilweise darin, daß er einige seiner außerberuflichen Termine strich und mit sich selbst allein blieb. Allmählich, wie er sich in seiner eigenen Gesellschaft wohler fühlte, begann er, sich Freunde zu suchen, zu denen er tiefere Beziehungen herstellen konnte.

Drei Frauen, die ihre Angst vor der Einsamkeit miteinander teilten, faßten einen Plan, wie sie sie durchstehen wollten. Wenn eine von ihnen jemanden brauchte, der ihr zuhörte oder auf sie einging, rief sie eine Freundin an. Die besorgte Stimme eines anderen menschlichen Wesens kann uns aufrichten. Wenn Zeit und Wetter es gestatteten, trafen sich die drei Freundinnen in Trainingsanzügen im Park und machten einen Dauerlauf. Die körperliche Bewegung verscheuchte die Hirngespinste und machte die Gelenke elastisch. Oft gewannen sie dabei ein neues Verhältnis zu den Dingen.

Nur zu oft führt es zu Einsamkeit, wenn Sie für andere Menschen leben und es darüber versäumen, einen Ausgleich zu dem, was Sie für sich selbst tun, zu schaffen. Es steigert die Selbstachtung, wenn Sie sich bedeutend genug fühlen, um sich auch um sich selbst zu kümmern. Gehen Sie einkaufen, aber nicht, um Kleider für die Familienangehörigen zu kaufen! Lesen Sie ein Buch, gehen Sie im Park spazieren, oder gehen Sie in ein Museum. Entwickeln Sie Ihre einmaligen Interessen und richten Sie sich nach ihnen.

Das soll nicht darauf hinauslaufen, daß Sie nicht mehr auf andere Menschen eingehen. Sie werden nicht nur etwas für einen anderen tun, sondern auch einen Sinn für Anteilnahme verspüren. Selbst einem Freund zuzuhören (die meisten sind stärker im Ratgeben als im Zuhören) ist eine seltene Gabe. Es geht darum, einen gesunden Ausgleich zu erreichen.

Ziele bedeuten Wachstum

Ist es wichtig, die Bedeutung und Gelegenheit der Gegenwart zu erfassen, so ist es doch auch notwendig, Pläne für die Zukunft zu machen. Ohne ein Gerüst sind Sie dem Wechsel Ihrer Stimmungen unterworfen. Setzen Sie sich kurzfristige (eine Woche), mittelfristige (mehrere Wochen) und langfristige (sechs oder mehr Monate) Ziele, um etwas zu haben, auf das Sie hinarbeiten.

Obwohl Dichter und Maler sich der Vorzüge der Einsamkeit wohl bewußt sind, lernen die meisten Menschen immer noch über sie. Die Einsamkeit kann eine Quelle religiösen, geistigen und emotionalen Wachstums sein, wenn Sie sie annehmen und zu Ihrem Vorteil nutzen.

Sie kann es Ihnen erleichtern, zu einer ganzen Persönlichkeit heranzureifen, statt ein Konglomerat von Rollen zu sein. Sie können die Einsamkeit als eine Zeit nutzen, zu beten und zu lernen, auf Gott und seine Bedeutung für Ihr Leben zu *hören*. Er ist nicht vorhersagbar. Sie wissen nie, wann Sie durch die Güte eines Freundes, in einem Buch, in einem eindrucksvollen Gottesdienst oder inmitten Ihrer eigenen Einsamkeit auf ihn stoßen werden. Vielleicht vernehmen Sie seinen Willen, indem Sie mehr von dem entdecken, was Sie sind und welche Fähigkeiten in Ihnen angelegt sind.

Das Gebet ist eine Beziehung, eine Partnerschaft des Gebens und Nehmens. Viele Christen sagen ihm jedoch, was sie ihm mitteilen möchten und *hören* niemals zurück. Sie verhalten sich, als sei er das Publikum für ihren Vortrag. Vielleicht müssen Sie zuhören lernen, damit Sie nicht Ihrer Zunge wegen taub bleiben! Der Herr empfahl uns: „Laßt ab und erkennt, daß ich Gott bin" (Ps. 46, 11).

Jeder ist bestrebt, Herr der Dinge, die um ihn her vorgehen, zu werden. Wenn Sie leiden und Zeiten der Einsamkeit durchmachen, vergreifen Sie sich vielleicht in Ihren Steuerungsmechanismen. Ob Sie es zugeben oder nicht, vielleicht wollen Sie Gott beraten, was für Ihr Leben am besten ist. „An deiner Stelle" oder „Es wäre besser, wenn ..." sind Äußerungen, die nicht ausschließlich den Entscheidungen anderer Menschen gelten.

Ich erinnere mich an den Fall einer Frau, die den plötzlichen Tod ihres Mannes erlebte. Während der einsamen Isolation der folgenden vier Wochen erhielt sie verschiedene Briefe von Freunden, die glaubten, besser als sie zu wissen, wie man mit dem Leid leben müsse:

„An deiner Stelle würde ich ruhig bleiben, bis der Schock vorbei ist. Dann würde ich nach und nach dem Leben ins Auge schauen, so wie ich es bewältigen könnte."

„Laß dich von niemandem beruhigen. Je eher du dich der Wirklichkeit stellst, desto besser."

„Glaube einem, der weiß, wie das ist. Geh so schnell wie möglich an die Arbeit zurück. Wenn du ständig beschäftigt bist, kommst du nicht dazu, an deinen Kummer zu denken."

„An deiner Stelle würde ich Urlaub nehmen und mich erholen. Aber verbringe die Zeit nicht mit Verwandten; sie werden den Schmerz nur verstärken."

„Nimm dir einige Zeit frei und besuche Verwandte. Sie werden dich verstehen und dir in dieser Zeit beistehen können."

„Was immer du tust, verkaufe euer Haus. Erinnerungen werden dich umbringen. Du brauchst einen neuen Anfang in einer neuen Umgebung."

„Ich hoffe, daß du in eurem Haus bleiben kannst. Du und Werner, ihr habt so viel von eurem Leben dort geteilt."

Ist es ein Wunder, daß so gegensätzliche Ratschläge lähmend wirken können? Ist es nicht genauso, wenn Sie Gott Ratschläge erteilen wollen, was das Beste für Sie ist? Zuviel Mundwerk und nicht genügend Gehör und Herz zu leihen, ist allzu einfach. Wachsen und Reifen im Glauben verlangt, daß Sie sich Problemen stellen und für das Eingreifen Gottes aufgeschlossen sind. Damit sind Sie besser darauf vorbereitet, Nöte zu durchstehen und sich der Wirklichkeit aufzuschließen, daß Sie niemals absolut recht haben oder Herr der Dinge sein werden. Hören Sie auf Hinweise, statt Lehren erteilen zu wollen. Dann können Sie allmählich Ihre Ansprüche fallen lassen, Ihre Geheimnisse an den Tag legen und Belastungen der Einsamkeit die Stirn bieten.

Ihren Vater, der Sie liebt, in Zeiten des Leidens befragen und anhören zu lernen, ist eine Herausforderung. Es bedeutet, seine Gegenwart in Ihrem Leben zu akzeptieren, selbst wenn Sie sie nicht spüren. Es erfordert den Glauben, sich gewiß zu sein, daß er da ist, selbst wenn das Leben in Unordnung geraten ist. Es heißt glauben, selbst wenn Sie zu festgefahren sind, um Hochgefühle zu erleben.

Wo Sie gegenwärtig auch stehen mögen, Sie haben Raum, zu wachsen und zu reifen. Die Einsamkeit kann eine Zeit sein, in der Sie Gott jene Bereiche eröffnen, in die Sie ihn noch nicht haben eindringen lassen. Jeder Mensch ist ein Haus mit vielen Räumen. Manche Zimmer haben Sie Gott überlassen; andere wollen Sie noch immer selbst beherrschen. Vielleicht können Sie sich in den Zeiten der Einsamkeit fragen, welche Räume mit dem Schild „Privat", „Kein Zugang" versehen sind? Wie lernen Sie, ihm das zu sagen, was er bereits weiß? Wie gewähren Sie ihm Zugang zu jenen verborgenen Stellen?

Sie leben Ihre Einsamkeit

Versuchen Sie, Ihre einsamen Augenblicke produktiv zu nutzen, indem Sie Ihre Fragen an das Leben erkennen. Wenn Sie in dieser Woche einsam sind, gehen Sie den folgenden Fragen nach (Schreiben Sie Ihre Antworten auf ein gesondertes Blatt Papier. So können Sie Ihre Entwicklung verfolgen):

1. Auf welche Weise fliehen Sie gewöhnlich vor der Einsamkeit?
2. Nennen Sie verschiedene Formen Ihrer Einsamkeit. Treten sie abends, frühmorgens auf?
3. Schreiben Sie für jeden dieser Fälle auf, wie Sie sich ein Gerüst schaffen oder wie Sie die Zeit nutzen werden.
4. In welchen Zeiten mögen Sie sich am meisten?
5. In welchen Bereichen Ihres Gebetslebens möchten Sie wachsen?
6. Welche verborgenen Bereiche schirmen Sie vor Gott ab? Gewöhnen Sie sich daran, sie sich einzugestehen.
7. Setzen Sie sich mehrere Ziele für die Zukunft:
   a) kurzfristige (eine Woche)
   b) mittelfristige (mehrere Wochen)
   c) langfristige (sechs oder mehr Monate).

9. Gottes „Ich liebe dich“

Ein Schmetterling ist das Ergebnis eines Lebens des Wachsens und Kämpfens. Jeder Schmetterling, der an einem Frühlingstag umherflattert, ist ein Beweis dafür, daß Leben Wachstum erfordert. Doch das Wachsen geschieht selbst beim Schmetterling nicht über Nacht. Es ist ein Entwicklungsvorgang. Er beginnt im Ei und setzt sich über das Raupen- und Puppenstadium fort, bis schließlich der anmutige Schmetterling daraus hervorgeht. An jedem dieser Punkte mußte der Schmetterling die Sicherheit des einen Stadiums aufgeben, um zum nächsten Stadium übergehen zu können. Aus Furcht vor dem Unbekannten entscheiden sich manche Menschen dafür, im Raupenstadium zu verharren. Sie sehen nicht ein, daß die Einsamkeit, die in der Weigerung zu reifen liegt, in sich bereits eine beängstigende Erfahrung sein kann.

Eine der schönsten Bibelstellen ist der Psalm 23. Die ganze Skala menschlicher Erfahrungen von der Geburt bis zum Tod spiegelt sich in diesen Versen wider. Sie beinhalten Gottes Versprechen, unter allen Lebensumständen bei uns zu sein.

Zu Zeiten, da wir Krisen und Sorgen durchstehen müssen, werden wir immer einsam sein. Wenn Ihnen der Boden unter den Füßen entzogen wird, erkennen Sie, ob Ihr Glaube tatsächlich entscheidend ist. Die Antwort darauf hängt von den Erwartungen ab, die Sie in den Talsohlen Ihres Lebens immer noch stellen. Sind Ihre Erwartungen Wunschträume dessen, was geschehen sollte, so können Sie tief enttäuscht werden. Ja, Sie könnten die *Wirklichkeit* völlig übersehen, wenn Sie sich nur auf das konzentrieren, was geschehen sollte, sich aber nicht ereignet.

Die Religion erleichtert nicht alles, sie vereinfacht Probleme nicht unbedingt. Zu den Menschen an einer mir bekannten Universität, die das Leben der Studenten dort entscheidend beeinflussen, gehört der beigeordnete Fakultätsvorstand, Virginia Crump. Sie ist einer der wenigen Menschen, die es verstehen, von anderen Menschen zu erfahren, wo sie stehen und, ohne sie zu verurteilen, dazu ermutigen, mehr zu sein als sie vielleicht sind. Viele Stunden des Tages hat sie den Studenten gewidmet, wenn das Stundensoll ihres Arbeitstages erfüllt ist. Ihre Fähigkeit, die Menschen zu akzeptieren, ist eine Gabe, dies wahrscheinlich um so mehr, als sie selbst fast ständig körperliche

Schmerzen aussteht. Seit mindestens zehn Jahren leidet sie an einer Arthritis und hat zwölf Operationen hinter sich. Sie hat Tränen, Zweifel, Depressionen, Zorn und manchmal Dankbarkeit erfahren. In den dunkelsten Augenblicken ihrer Qualen hat sie die Bibel, Geistliche, Freunde, sich selbst und Gott befragt. Sie hat in der Erfahrung ihres eigenen Tiefs gelernt, daß man manchmal mit seinen Problemen leben muß. Das einzige, was zu tun ist, ist „weitermachen, weitermachen..."

Noch immer gewinnt sie Studenten, lebt sie mit ihren Schmerzen. Aber statt „Warum?" fragt sie heute „Warum nicht?". Als ich das letzte Mal mit ihr sprach, bereitete sie sich gerade auf eine Ansprache zu einer Studentenorganisation vor. Ihr Thema: „Gott in meinem Leben". Nein, sie hat nicht alle Antworten parat, hat wahrscheinlich selbst noch viele Fragen. Aber sie läßt Gott Gott sein und steht ihm offen. Der einzige Ausweg führt hindurch.

Gott bejahen kann bedeuten, daß man die Kraft besitzt, weiterzumachen. Beten heißt aufgeschlossen sein für das, was Gott uns nach seinem Ermessen zugedacht hat. Virginia Crump entzieht sich dem Leben nicht, um auf eindeutige Antworten zu warten. Auch ist sie nicht verbittert, weil Erwartungen, die sie an Gott gestellt hatte, nicht erfüllt worden sind. Statt dessen fährt sie fort, das Leben zu leben, wie es ihr begegnet, wenn sie aufwärts schaut.

Eine Gruppe von Schwesternschülerinnen wurde von ihrer Leiterin zu Beginn ihrer Einweisung in die Krankenhausarbeit gefragt: „Wie möchten Sie sterben, wenn Sie die Wahl hätten?" Die meisten Antworten lauteten etwa: „Schnell" oder „Schmerzlos" oder „Im Schlaf". Die Leiterin sagte nichts, aber am Ende ihrer Ausbildung auf der Station für unheilbare Patienten stellte sie die Frage nochmals. Diesmal fielen die Antworten anders aus. Die Schülerinnen hatten durch ihre Arbeit bei sterbenden Patienten etwas über das Leben gelernt. Statt der Angst vor dem Tod und seinen Schmerzen hatten die Schülerinnen eine andere Erfahrung gemacht. Die Kranken hatten Zeit, sich um unerledigte Dinge zu kümmern, Freunde zu besuchen und ihren bevorstehenden Tod mit ihren Familien zu besprechen. Die Krankenschwestern, die sich anfangs einen schnellen Tod gewünscht hatten, hatten Vorteile darin erkannt, Zeit zur Vorbereitung zu haben.

Lernen Sie sagen: „Ich liebe dich"

Vielleicht sind Sie versucht, sich nur in sorgenvollen Zeiten, oder wenn Ihre eigenen Mittel versagen, an Gott zu wenden. Dann ist Gott eine Lösung wegen Ihrer mangelnden Glaubensbereitschaft. Sie können sich Tatsachen mit einem „Es war Gottes Wille" ausreden und diese Erklärung in Wirklichkeit als Ausflucht benutzen, nicht im Glauben zu wachsen. Wie oft haben Sie Gottes Willen als Vorwand benutzt, um sich nicht mit dem Leid eines Menschen befassen oder mit Fragen, die Sie quälen, auseinandersetzen zu müssen? Ein Mann, dessen Frau vor kurzem gestorben war, wurde von einem Freund gefragt, wie es ihm gehe. Bevor er antworten und seine Gefühle des Verlustes in Worte fassen konnte, sagte der Freund: „Es war Gottes Wille. Nimm es hin." Dann ging dieser Freund fort, wie um zu demonstrieren, daß er nichts damit zu tun haben wolle. Gewiß, der Mann wird sich letzten Endes damit abfinden müssen, daß seine Frau tot ist, aber vielleicht war er dazu noch nicht fähig. Statt dessen brauchte er vielleicht die Hand eines Freundes auf seiner Schulter, ein paar gute Worte oder tröstlichen Beistand.

Manche müssen lernen, „Ich liebe dich" zu sagen. Haben Sie jemals daran gedacht, wie viele Menschen diese Worte niemals hören? Sie glauben vielleicht, daß sie in Familien ausgesprochen werden, aber viele Familien sind emotionale Wüsten, wenn es darum geht, Liebe in Worten Ausdruck zu verleihen. Vielleicht glauben sie auch, daß der Ausdruck der Zuneigung als unangebracht oder aufdringlich oder unmännlich oder zu kühn betrachtet wird. „Ich liebe dich" kann eine frohe Erwartung an das Leben vermitteln. Christus war Gottes „Ich liebe dich" an die Welt, die höchste Botschaft der Hoffnung. Ich erinnere mich an eine Frau, die bei einem Erlebnis in einer kleinen Gruppe sagte: „Ich kann mich nicht erinnern, wann mir zum letzten Mal gesagt wurde, daß ich geliebt werde. Es könnte gewesen sein, als ich noch ein Kind war." Diese Frau stand vor einer ungewissen Zukunft. Liebe ist ein wirksames Mittel gegen Einsamkeit und Angst, wenn die Menschen es nur lernen, sie auszudrücken und anzunehmen.

Das waren die guten alten Zeiten

Die Talsohlen der Erfahrung zu durchwandern erfordert Mut, Gefühlen der Hoffnungslosigkeit ins Auge zu schauen. Ganz offen gesagt, die meisten Menschen fühlen sich im allgemeinen wohler dabei, wenn sie über das Wetter oder die Energiekrise reden, als wenn sie von persönlichen Schwierigkeiten sprechen oder hören. Und doch ist die Nähe eines Menschen nicht nur für einen Freund wichtig, der einsam lebt, sie ist auch eine Notwendigkeit für Sie, wenn Sie von Zeit zu Zeit in Ihren eigenen Talsohlen kämpfen. Es ist eine Ironie des Schicksals, daß Sie die Ansprüche der Liebe an Sie fürchten und sich doch so heftig nach ihr sehnen. Sie müssen lernen, Ihren Pseudo-Intellektualismus abzuschütteln und Liebe sowohl zu äußern als auch zu verwirklichen suchen.

Christus akzeptierte die Menschen, wie sie ihm begegneten, und ermutigte sie, ihr Leben aufrichtig zu betrachten (Joh. 9, 41). Manchmal befiehlt Ihnen der Glaube, an den Kämpfen und Sorgen anderer teilzunehmen. Gottes Gabe des Glaubens und der Gnade ist in die Erfahrungen Ihres Lebens verwoben. Ob Sie Ihrem eigenen Kummer gegenüberstehen oder auf das Leid eines anderen eingehen, Gott gibt Ihnen die Kraft, die Ereignisse zu bewältigen. Seine Gnade wird uns nicht im voraus geschenkt, damit wir sie horten. Sie ist vielmehr ein Geschenk, das uns zuteil wird, wenn wir es brauchen. Denken Sie daran: „Nichts wird mir fehlen."

Psalm 23 beschreibt einen Lebensvorgang, der von Wachstum und Charakterentwicklung gekennzeichnet ist. Er bestärkt uns nicht darin, in der Vergangenheit oder Zukunft zu leben, um den Tatsachen der Gegenwart, so beschwerlich sie auch sein mögen, auszuweichen.

Robert, ein anderer Christ, ist ein Beispiel für einen Menschen, der ganz in den Ereignissen seiner Vergangenheit aufging. Er wuchs in einer Familie auf, die Leistung mit Bestätigung belohnte. Obwohl er für die Anerkennung, die er erfuhr, dankbar war, empfand Robert auch ein Gefühl der Frustration. Manchmal verlangte sein Vater zuviel auf einmal auf Gebieten, die ihm wichtiger waren als Robert. Robert blieb während der ganzen Zeit seines Medizinstudiums und solange er am Ort wohnte, in der Tretmühle. Als er vor der Entscheidung stand, wo er sich niederlassen sollte und ob er sich einem Krankenhaus anschließen oder privat praktizieren sollte, wurde Robert immer deprimierter. Zu einer Zeit des Lebens, in der sich seine ganze harte Arbeit auszahlte, fühlte er sich im Stich gelassen. Es konnte viele Erklärungen dafür geben. Aber was Robert rechtzeitig erkannte, war, daß er nur seinen Eltern zuliebe Medizin studiert hatte. Er hatte nur ein passives Interesse an diesem Fach gehabt, obwohl er die Begabung dafür besaß. Jetzt stand er vor der Alternative, seine Ausbildung in einer Karriere anzuwenden, die er wählte, für die er sich aber nicht entschieden hatte, oder seinen Vater zu enttäuschen, indem er sich entschloß, nicht als Mediziner zu praktizieren. Welch ungeheuren Einfluß hat die Vergangenheit auf die Gegenwart! Robert hatte den innerlichen Roman seines Lebens gelebt, und nun gefiel ihm die Handlung nicht. Er kann sich seinen eigenen Gefühlen der Enttäuschung stellen und einsehen, was ihn beherrschte. Oder er kann ein Leben voller Zorn und Groll führen. Roberts Vergangenheit kann ihm, wenn er sie bewältigt, zum Freund werden, ungeachtet seiner Entscheidung über seine künftige Laufbahn. Wie einsam aber diese Erfahrung ist, sich selbst, trotz der Familienansprüche in der Vergangenheit, für Christus zu beanspruchen.

In der Vergangenheit leben ist nicht der einzige Weg, auf dem man den Verhältnissen der Gegenwart zu entrinnen versucht. Manche versuchen zu leben, als sei das Gras anderswo immer grüner. Sie begegnen dem Leben, indem sie das Morgen vorwegnehmen. Weder die Vergangenheit noch die Zukunft können uns vor dem Heute schützen. Der Verfasser des Psalm 23 ermutigt Sie, sowohl an den angenehmen als auch den tragischen Ereignissen, die Ihnen begegnen, zu reifen.

Was erwarten Sie von den Tieferfahrungen Ihres Lebens? Erwarten Sie, daß Gott Sie von bedrohlichen Ereignissen freikauft, oder sind Sie bereit, Seine Gnade, wie auch immer er sie schenkt, anzunehmen? Manchmal beschützt uns Christus, nicht vor den Tatsachen an sich, sondern davor, was unsere Furcht vor ihnen anrichten kann. Der Zynismus, die Verzweiflung, die Hoffnungslosigkeit und die Versuchung, alles hinzuwerfen, gehen aus der Angst hervor.

Entfremdung von Gott oder Enttäuschung an seiner Gnade ist eine der schmerzlichsten Formen der Einsamkeit. Sie veranlaßt Sie, Ihre Identität neu zu bestimmen und Ihren wirklichen Wert zu erkennen. Vielleicht überprüfen Sie Ihre Ziele, Ihre Hoffnungen und Ihre Erinnerungen. Wenn Sie Ereignisse in Ihrer Vergangenheit nochmals durchleben, werden Sie sich an Worte der Liebe, Stiche der Kritik, auch an versäumte Gelegenheiten erinnern. Wenn Sie sich anschicken, diese Augenblicke einfach verwittern zu lassen, verpassen Sie eine Gelegenheit, eine neue Einsicht zu gewinnen. Wenn Sie sich aber auf Ihre Einsamkeit einstellen, werden Sie auf eine Aufforderung stoßen, mit religiösem Wachstum zu ringen.

Sie leben Ihre Einsamkeit

Beantworten Sie die folgenden Fragen im Laufe des Tages oder der Woche aus Ihrer eigenen Erfahrung:

1. In welchem Schmetterlingsstadium befinden Sie sich?
2. Wann wenden Sie sich an Gott? Welche Zeiten sind für Sie typisch?
3. Können Sie den anderen Menschen sagen, was Ihnen an Ihren Gefühlen gefällt? Warum bzw. warum nicht?
4. Welche Erwartungen stellen Sie an Gott in den Talsohlen Ihres Lebens? Und an sich selbst?

10. Das Leben als Geschenk

Die Einsamkeit kann ein einschneidendes Erlebnis sein, bei dem wir unsere Grenzen ermessen und unsere Gaben entdecken. Viele Menschen stufen im Leben ihre Fähigkeiten zu gering und ihre Schwächen zu hoch ein. Ihre Selbsteinschätzung bestimmt auch Ihre Einstellung zum Leben schlechthin.

Das Leben ist ein Geschenk, doch viele haben es sich kaum eröffnet. Sie fragen, was mit ihm geschehen soll, wohin mit ihm, wozu es gut ist, oder wie dieses Geschenk aussehen wird, wenn fünf Jahre verflossen sind. Es ist, als erwarteten sie, daß Gott seinen Willen auf einem riesigen Plakat vom Himmel herab kundtue! Und doch bietet dieses Geschenk selbst eine Chance, und wenn Sie es sich eröffnen und enthüllen, können Sie die Richtlinien Ihres Lebens erkennen. Sie werden lernen, die Gaben zu entdecken, die ausschließlich Ihnen eigen sind.

Ein Lernprozeß, der die eigene Person betrifft, ist aufwendig. Es bedeutet, sich der Einsamkeit der Selbstprüfung zu unterziehen, anstatt die Flucht zu ergreifen. Eine der eindringlichsten Fragen Jesu war: „Was wird es einem Menschen nützen, wenn er die ganze Welt gewinnt, an seiner Seele aber Schaden leidet?" (Matth. 16, 26). Jeder Mensch birgt in sich ein Selbst, das nach Entwicklung und Erfüllung strebt.

Der erste Schritt besteht darin, sich selbst und seinem Bewußtsein gegenüber offen zu sein. Es ist gar nicht so einfach, Mensch zu sein, wenn man ständig in eine andere Rolle schlüpft. Oft setzen die Menschen eine Maske nach der anderen auf, wobei sie eine neue erst dann annehmen, wenn sie der alten überdrüssig geworden sind. Jesus sonderte sich häufig von der Menge ab, um seine Gedanken zu erforschen, nachzudenken und auf die Stimme des Glaubens zu hören. In den Stunden der Einsamkeit begegnete Jesus sich selbst.

Sowie Sie sich Ihren eigenen Gedanken widmen, treten Sie einen Weg nach innen an, auf dem Sie sich mit manchen wesentlichen Grundsätzen auseinandersetzen werden. Man tut gut daran, sich darauf zu besinnen, daß jeder seine Entwicklung an einem anderen Ausgangspunkt beginnt, ungeachtet dessen, wie sehr seine Familie und seine Umgebung denen anderer gleichen mögen. Daher setzt es Ihre Einmaligkeit herab, wenn Sie sich mit anderen vergleichen. Was sich in der einen Familie abgespielt hat, kann in einer anderen vollkommen andere Folgen haben. Was für Sie leicht zu erreichen ist, mag einem anderen schwerfallen. Das heißt jedoch nicht, daß der andere minderwertiger ist. Es bedeutet lediglich, daß Sie und er über unterschiedliche Begabungen verfügen und an verschiedenen Stellen stehen. Wie gut, daß die Menschen untereinander verschieden sind, denn ein jeder lernt vom anderen.

Eine Brücke zur Wirklichkeit

Auf den ersten Blick erscheint die Frage nach den eigenen Grenzen negativ. Dabei ist sie die Brücke zur Wirklichkeit und zu einem kreativen Leben.

Elisabeth, eine Frau in den 40ern, erinnerte sich, wie sie einmal auf ihre Grenzen stieß. „Mein Leben lang wollte ich wieder zur Schule gehen, einen akademischen Abschluß erreichen und mit meinem Leben zu irgend etwas beitragen. Ich schwebte in Tagträumen, in denen ich eine große Schriftstellerin, Lehrerin, Ärztin oder gar Ingenieurin war! Aber ich war stets zu sehr mit anderen Dingen beschäftigt. An meinem 40. Geburtstag wurde mir klar, daß, selbst wenn ich eine derartige Großtat vollbrächte, mir dieses nicht, wie beabsichtigt, in meiner Jugend gelungen wäre. Auch erkannte ich, daß meine Fähigkeiten durchaus nicht auf diesen Gebieten liegen. Beim Anblick von Blut werde ich ohnmächtig, Mathematik fällt mir schwer, ich möchte nicht 35 Gören unterrichten, um anschließend die eigenen vier zu Hause vorzufinden, und meine Rechtschreibung ist grauenhaft. Mir kam der Gedanke, daß ich, weil ich mein halbes Leben lang von Dingen geträumt habe, die ich eigentlich gar nicht tun *möchte,* das, was ich tun *kann,* nicht gefunden und entwickelt habe. So beschloß ich, der Tatsache ins Auge zu sehen, daß ich niemals eine zweite Ina Seidel, Marie Curie oder ein zweiter Ernest Hemingway sein werde, und meine Energien darauf zu verwenden, mehr die zu sein, die ich bin. Das braucht Zeit, aber wenigstens verstecke ich mich nicht länger vor mir selbst."

Jeder Mensch hat Grenzen, seien es gesundheitliche, geistige, bildungsbedingte oder emotionale Grenzen. Wenn Sie die Augen nicht davor verschließen, werden Sie frei, in den Bereichen zu wachsen, in denen Ihre Fähigkeiten verborgen liegen. Sie können sich dann selbst gegenüber taub stellen, oder Sie können in sich hineinhören und sich zu dem, was Sie zu werden fähig sind, entwickeln. In jedem Fall sind Sie für Ihre Entscheidungen und die daraus entstehenden Folgen verantwortlich. Selbst Unentschlossenheit ist eine Entscheidung. Wenn Sie es zulassen, daß Entscheidungen fallen, weil Sie es versäumen, sie zu treffen, wird das letztlich Ihre Fähigkeit, Wagnisse einzugehen, lähmen.

Ein Mann namens John lernte schon früh über Verantwortungsgefühl bzw. sein mangelndes Verantwortungsgefühl. Wenn er sein Konto überzog, machte er das Finanzamt verantwortlich, das ihn angeblich bestahl. Wenn seine Ehe einer Krise zusteuerte, gab er seinen Eltern die Schuld, weil sie ihn gedrängt hatten, zu heiraten und sich niederzulassen. Wenn seine Kinder sich in der Schule schlecht betrugen, schimpfte er auf die Lehrer und Studienberater, sie seien unfähig. Schließlich bekam er Schwierigkeiten an seiner Arbeitsstelle, also fand er etwas an seinen Kollegen auszusetzen. Sein Chef rief ihn zu sich, um mit ihm über den Fall zu sprechen, und John zählte die Fehler der anderen auf, ohne zu erwähnen, was er selbst dazu beigetragen hatte. Nachdem er ihn bis zu Ende angehört hatte, warf ihn sein Chef hinaus. Nicht, so sagte er, weil die Schwierigkeiten bei der Arbeit ausschließlich von John ausgingen, sondern weil er jemanden nicht dulden werde, der anderen so leicht die Schuld zuschob und keinerlei Verantwortung für sich selbst übernehmen wolle. Als der Schock und die Enttäuschung über den Verlust abgeklungen waren, begann John, sich aufrichtig zu sehen und seine Rolle zu begreifen. Der Preis für diese Einsicht war hoch und schmerzhaft, aber es war ein Anfang.

Als er seine Verhaltensweisen anderen gegenüber erforschte, erkannte John, daß er, wenn er in eine Situation geriet, die ihm unbehaglich war, ganz ähnlich reagierte wie als Kind, wenn seine Eltern ihn bestraften. Er hatte seine Verhaltensweise seinem Alter nicht angepaßt, daher fiel er, immer wenn er auf bedrohliche Umstände stieß, in das Schuldabwälzen der Kindheit zurück. Wenn wir aus unserer Vergangenheit lernen und sie bewältigen können, können wir unsere Richtungen in der Gegenwart besser *bestimmen.*

Wachstum ist durch Leid bedingt, und Erfüllung ist von unserer Fähigkeit, selbstbewußt zu sein, abhängig. Das Wissen um Ihre Grenzen steigert Ihr Vermögen, mit Ihren einmaligen Gegebenheiten zu leben. Es bringt Sie mit Ihrer Begrenztheit in Berührung. Daß Sie sich mit Ihrer Menschlichkeit abfinden, beinhaltet jedoch auch, daß Sie Ihre Begabungen bejahen und anwenden.

Oft stehen Menschen jedoch der dunkleren Seite ihres Ichs näher. Denken Sie einmal darüber nach. Die meisten wissen besser, was ihnen an sich selbst nicht gefällt, als was sie an sich *schätzen.* Sie müssen lernen, sich selber auf die Schulter zu klopfen. Erheben Sie Anspruch auf das, worauf Sie stolz sind und was Sie gut gemacht haben. Es ist unbedingt notwendig, daß Sie lernen, sich selbst ein Freund zu sein. Sie müssen nicht alles perfekt machen, um es sich als Verdienst anzurechnen. Erkennen Sie das an, was Ihnen ein gutes Gefühl gibt.

Dazu müssen Sie lernen, auf Ihre Gefühle zu achten. Vielleicht sind Sie aufgewachsen, ohne es zu lernen, Gefühle ernst zu nehmen. Sie wußten, daß etwas Sie innerlich aufwühlte, aber Sie wurden nicht ermutigt, das, was Sie fühlten, auszudrücken. Jetzt müssen Sie lernen, daß Ihr Selbstgefühl etwas über Sie und das Wesen Ihrer Entscheidungen aussagt. Ihr Verstand ist fähig, vernunftgemäß zu denken, aber Ihr Herz will nicht! Achten Sie zu Zeiten, da Sie Entscheidungen treffen, ebenso auf Ihre innerlichen Reaktionen wie auf Ihre Vernunft. Sie geben Ihnen Hinweise darauf, was um Sie herum vorgeht. Denn Gott kann sowohl innerlich als auch in äußeren Ereignissen zu Ihnen sprechen.

Ihre Begabungen schätzen lernen bedeutet, daß Sie aufgefordert sein werden, sie zu entwickeln. Und sie einzusetzen wird auch beinhalten, selbstbewußt zu sein sowie erfolgreich zu scheitern. Die Gesellschaft hat den Erfolg so in den Vordergrund gestellt, daß viele aus Angst zu versagen davonlaufen. Obwohl Scheitern nichts Angenehmes ist, können wir daraus lernen. Manchmal bedeutet es, daß Sie nicht auf dem richtigen Weg sind. Oder es kann Ihnen zu verstehen geben, daß Sie sich neu beurteilen müssen. Die Einsamkeit des Versagens fordert Sie auf, sich aufs neue zu prüfen, aber sie sagt nichts über Ihren Wert als Persönlichkeit aus.

Eine Frau fürchtete sich so sehr, Fehler zu machen, daß sie selten ein Risiko einging. Alles, was für sie nicht ganz perfekt war, bedeutete ihr, daß sie keine gute Christin war. Um ihr etwas Wesentliches klarzumachen, sagte ich ihr, daß ich mindestens vier schwere Fehler in der Woche mache und daß ich es auch auf fünf bringen würde. Sie sah verblüfft drein, dann sagte sie: „Sie meinen, Sie glauben tatsächlich, daß es in Ordnung ist, Fehler zu machen?“ Es besteht ein Unterschied zwischen einem Freibrief, alles Beliebige ohne moralischen Halt zu tun, und dem Gegenpol, in Angst vor dem Versagen zu leben. Beide Extreme hemmen Ihre Entwicklung.

Der Sinn des Lebens liegt nicht im Erfolg oder Mißerfolg, sondern darin, wie Sie auf die Ereignisse reagieren wollen. Sie können hart und zynisch werden, oder Sie können die mühsamen Wegstrecken Ihres Lebens in die Bahnen des Wachstums lenken. Über Erfolg und Mißerfolg und die Anwendung Ihrer Begabungen können Sie aus dem Gleichnis von den Talenten (Matth. 25, 14—30) lernen. Viele glauben, daß sie kein Talent besitzen, wenn sie es nicht ohne weiteres erkennen können. Wenn Sie nicht singen oder schreiben oder Aktiengesellschaften vorsitzen, glauben Sie vielleicht, daß es nichts zu entdecken gibt. Oftmals werden Ihnen vielleicht Geschenke zu verschiedenen Zeiten Ihres Lebens gemacht. Doch Ihre Gaben zu verstehen und anzunehmen kann ein lebenslanges Ringen bedeuten. Sie sind damit beschäftigt, etwas anderes zu suchen, obwohl niemand weiß, was es ist. Sie versäumen die Geschenke der Gegenwart, weil Sie so von der Unzufriedenheit mit dem, was Sie schon besitzen, in Anspruch genommen sind. Die Heilige Schrift erläutert nicht, wie der Mann mit dem einen Talent die Welt sieht; doch das ist keine Entschuldigung für eine schlechte Verwaltung! Es zeigt nur, daß er für sein Leben und dafür, was er aus ihm macht, verantwortlich ist.

Geschenke gewinnen ihre Bedeutung, sobald Sie sich selbst akzeptieren. Daß Sie lernen müssen, Sie selbst zu sein, ist eine Binsenwahrheit, die gut klingt, aber schwer in die Praxis umzusetzen ist. Sie haben gelernt, daß aufrichtig sein bedeutet, Wagnisse einzugehen. Daher könnten Sie sich darauf verlegen, falsch zu sein und die daraus entstehende Einsamkeit in Kauf zu nehmen.

Anerkennung umfaßt Gefühle, Gedanken, Handlungen, Ideen und auch Fragen. Es heißt, lernen, sich selbst einfach so zu sehen, wie Sie sind, und sich dann richtig einzuschätzen.

Viele Menschen verfangen sich, wenn sie sich mit anderen vergleichen. Sie sehen, wie Menschen, mit denen Sie zur Schule gingen, Direktoren werden. Oder Sie lesen mit Interesse von Namen, die in der Forschung, Politik, Literatur oder wo auch immer Schlagzeilen machen. Vielleicht erfahren Sie, wie ein armer Teufel ein Finanzgenie wurde, nur weil er Tausende von Morgen Land kaufte, als der Morgen spottbillig war. Wenn andere Menschen erfolgreich sind, sagen Sie vielleicht: „Ich mache nichts aus meinem Leben. Ich mache keinen Eindruck auf die Welt." Und Ihre Gedanken sind von Fragen aufgewühlt. Tun Sie das, was man von Ihnen erwartet? Wird es Sie berühmt oder reich machen? Was also? Welche Richtschnur wird *Ihr* Leben bestimmen?

Sie können nicht vortäuschen, daß Sie sich selbst akzeptieren. Entweder tun Sie es spontan, oder Sie demütigen sich selbst durch Vergleiche mit anderen Menschen. Sie versäumen Gelegenheiten, die sich Ihnen heute bieten, wenn Sie sich nicht so akzeptieren, wie Sie sind.

Gewiß, es kann eine Erfahrung der Einsamkeit sein, wenn Sie sich niemals sich selbst gestellt haben. Das Wagnis, sich selbst kennenzulernen, erfordert einen besonderen Mut. Vielleicht wissen Sie nicht einmal, wo Sie anfangen sollen, wenn es eine gänzlich neue Erfahrung ist.

Schauen Sie auf Ihr Leben zurück. Hat Sie irgend jemand jemals bedingungslos akzeptiert? Kein Feilschen, kein wenn nur, kein wenn, und oder aber. Sie haben nicht gehört: „Ich akzeptiere dich, wenn du dies und jenes tust", oder „Ich werde dich mögen, wenn du damit aufhörst", oder „Du bist in Ordnung, wenn du dein Haar nicht schneiden läßt und dich nicht rasierst". So akzeptiert werden zu können, wie Sie sind, mit all Ihren Fehlern, ist eine Erinnerung, die Ihnen helfen wird, sich selbst zu begegnen. Sie haben zumindest eine Fährte, die Sie zu einem Anfang führen kann.

Eine der Botschaften Christi stand im Zeichen der Fähigkeit, zu akzeptieren. Weil er das Gute und das Schlechte, die lichten wie die dunklen Seiten eines jeden kennt, ruft er Sie auf, ein deutlicheres Verständnis von dem, der Sie sind, zu gewinnen. Dabei können Sie sich zu fragen beginnen: „Ist dieser Mensch, diese Beschäftigung oder dieser Beruf wirklich für mich geeignet?" Sie erkennen vielleicht, daß Sie und bestimmte Personen gegenseitige Feinde sind. Sie haben eine Dimension des Annehmens hinzugewonnen, die Sie auffordert, Ihre Grenzen und Möglichkeiten realistisch zu prüfen.

Man kann Ihnen nichts schenken, wenn Sie nicht bereit sind, es anzunehmen. Das Mittel gegen Minderwertigkeitskomplexe besteht darin, zu lernen, sich selbst zu akzeptieren. Das ist schon an sich ein Geschenk, sowohl für Sie als auch für andere.

In den Wirrnissen des Lebens haben Sie das Bedürfnis, angehört zu werden. Vielleicht aber haben Sie nicht gelernt, anderen oder sich selbst zuzuhören. Beten ist ein Anfang — heißt lernen, auf Gott und seinen Willen zu *hören*. Während Sie einsame Stunden Ihrer Entwicklung widmen, entdecken Sie Ihre Gaben und nähern sich der Ganzheit. Die Erwartungen anderer und Ihre eigenen Ängste verlieren ihren Einfluß auf Sie. Gewiß, es betrifft Sie, wie andere Menschen auf Sie reagieren, aber Sie brauchen nicht mehr in der Angst vor Ablehnung zu leben. Auch brauchen Sie sich nicht im Kreise zu drehen, indem Sie Ihre Talente zählen und sie mit denen anderer vergleichen. Denn der einzige angebrachte Vergleich bezieht sich darauf, wie viele Ihrer Fähigkeiten Sie einsetzen. Im Grunde ist das Leben ein Geschenk, aber manchmal müssen Sie nach Möglichkeiten suchen, es zu erhalten. Lernen, fünf Minuten lang mit der Einsamkeit zu leben, ist ein Weg, sich als das, was Sie sind, zu akzeptieren.

Sie leben Ihre Einsamkeit

Beantworten Sie die folgenden Fragen im Laufe des Tages oder der Woche aus Ihrer eigenen Erfahrung:

1. Nennen Sie Charakterzüge, die ein Bild von Ihnen geben.
2. Worin bestehen Ihre großen Enttäuschungen oder zerschlagenen Träume?
3. Beschreiben Sie Ihre Grenzen, wie Sie sie sehen.
4. Welche Seiten Ihrer selbst haben Sie nicht als gut akzeptiert?
5. Nennen Sie einige Dinge, die Sie gut gemacht haben, oder auf die Sie stolz sind.
6. Was stößt Sie am Versagen ab? Was können Sie aus Mißerfolgen lernen?
7. Wer bestimmt Ihre Definition des Erfolgs? Was ist Erfolg?
8. Führen Sie Ihre Talente oder Begabungen auf. Was machen Sie daraus?

11. Mit dem Leid vertraut sein

Eine meiner Erinnerungen an die frühe Kindheit ist die Erinnerung an die Ereignisse um den Tod meines Großonkels. Verwandte waren zur traditionellen Weihnachtsfeier zusammengekommen, und die übliche Fröhlichkeit lag in der Luft. Kurz nachdem meine Familie die Feier verlassen hatte und nach Hause gegangen war, um sich schlafen zu legen, erhielten wir einen Anruf. Mein Großonkel hatte einen schweren Herzanfall erlitten, während er sich im Hause seiner Tochter aufhielt. Er starb, noch bevor er auf dem schnellsten Wege ins Krankenhaus gebracht werden konnte.

Er stammte aus einer Kleinstadt auf dem Lande, und dort sollte die Beerdigung stattfinden. Ich erinnere mich, wie wir die Stufen der vorderen Veranda hinaufstiegen und das Haus betraten, in dem so viele Andenken lebendig waren. Als meine Eltern, meine Schwester und ich am Tag vor der Beerdigung hineingingen, war ich bestürzt, den Leichnam meines Onkels in einem Sarg zu sehen. Ich wandte mich um und fragte: ,,Was macht denn Onkel Bert im Wohnzimmer, Mutter?" Sie erklärte, daß es in kleineren Städten, die keine Leichenhalle hätten, so üblich sei.

Als ich mich umsah, sah ich, wie meine Cousins und Cousinen und andere nahe Verwandte die Frau meines Großonkels umringten. Jeder schien das zu tun, was für ihn selbstverständlich war. Einige weinten, andere sprachen, einige wenige waren still. Die Wirklichkeit eines plötzlichen Todes begann hereinzusickern. Im Laufe der nächsten Stunden wurden viele Erinnerungen aufgefrischt. Man erzählte von meinem Onkel, Fragen, die Kinder stellten, wurden beantwortet, und die Menschen gaben ihrem Verlust Ausdruck.

Offensichtlich haben sich die Zeiten und Sitten geändert, sowohl im negativen als auch im positiven Sinn. Aber etwas, das ich aus dem ganzen Erlebnis gelernt habe, ist, daß Tod und Leid ein natürlicher Lebensvorgang sind.

Diese Erfahrung steht in krassem Gegensatz zu einem anderen Erlebnis, bei dem es sich um eine unheilbar kranke Frau handelte. Um weiterzuleben, lag sie in einem Krankenhauszimmer und hing an Schläuchen, Nadeln und Apparaten. Ärzte und Krankenschwestern sprachen von ihr als einer Patientin im Endstadium und nicht etwa als der Mutter von drei Kindern, einer Ehefrau und Tochter. In den Tagen vor ihrem Tod äußerte sie ihre Ängste. ,,Ich fürchte mich nicht vor dem Sterben oder vor dem, was im Jenseits ist. Ich habe Angst, allein zu sein und nicht zu wissen, *wie* das Ende kommen wird."

Das Krankenhaus ist an die Stelle des Heims als Sterbeort getreten; das Krankenhauspersonal hat die Aufgabe der Familie übernommen, beim letzten Abschied da zu sein. Ein Preis, den wir unter anderem dafür zahlen, daß die fortgeschrittene technisierte Medizin das Leben verlängern kann, ist, daß die Todeserfahrung eine noch einsamere Erfahrung geworden ist.

Gewiß, das Ärzte- und Pflegepersonal leistet wirklich eine wichtige Gesundheitsfürsorge und braucht genügend Spielraum, um Notfälle zu behandeln. Und im Fall einer längeren Krankheit ist es nicht immer angebracht, wenn ein Mensch zu Hause, inmitten seiner Familie, stirbt. Oft ist es wegen beruflichen Verpflichtungen, geographischen Erwägungen oder medizinischen Faktoren wie etwa der Schmerzlinderung unumgänglich, daß ein Kranker im Krankenhaus behandelt wird. In solchen Fällen ringen Familien oft unnötigerweise mit Schuldgefühlen; Gott versteht die Begleitumstände.

Dr. Elisabeth Kübler-Ross, eine Kapazität auf dem Gebiet Tod und Sterben, fordert, die Sterbensweise zu ändern. Sie regt unter anderem an, nach Möglichkeit zu Hause zu sterben. Breitere Aufklärung der Öffentlichkeit sowie des Ärzte- und Pflegepersonals ist eine weitere Anregung, denn Tod ist nicht Verfall. Vielleicht ist es ein wichtiges Ziel, sterben zu lernen, wann immer die Zeit kommt. Sie können dem Sterben jeweils ein wenig begegnen, indem Sie lernen, andere trauern zu lassen. Eine der besten Möglichkeiten, Familien in der Bewältigung ihres Verlustes beizustehen, besteht darin, sich in den Vorgang hineinversetzen zu lassen.

So sagte ein Mann nach dem Tod seiner Frau: „Wir waren alle da: ihre Eltern, unsere Töchter, wir alle. Als sie zum letzten Mal atmete, sah ihr Gesicht friedlich aus. Zum ersten Mal seit einem Jahr hatte ich eine Schmerzerleichterung an ihr bemerkt. Wir wußten, daß wir sie vermissen würden, aber schließlich war sie bei Gott."

Jeder von uns hat schon einmal das Gefühl der Einsamkeit erlebt, wenn man einem Menschen in einer Krise helfen möchte, aber nicht weiß, wie. Im Falle eines plötzlichen Todes können wir den Hinterbliebenen beistehen. Todkranke Patienten wissen im allgemeinen innerlich, daß sie sterben, ob man es ihnen gesagt hat oder nicht. Verschiedene Anhaltspunkte sowie ein unerklärliches Gefühl, das der Kranke hat, verraten es ihm. Ein Hinweis für den Kranken sind die Nervosität und immer kürzeren Besuche des Arztes, der Familie oder der Freunde. Nervosität oder eine allzu vorsichtige Auswahl der Gesprächsthemen sind weitere Anhaltspunkte. Eine Frau sagte, sie habe gewußt, daß sie im Sterben lag, als Menschen ihr Tätigkeiten abnehmen wollten, die sie körperlich durchaus noch selber verrichten konnte.

Eine schwere Krankheit wirft eine Reihe von Fragen für den Patienten auf. Er beginnt, Erinnerungen aufzurollen und fragt sich, ob er mit seinem Leben einen Beitrag geleistet hat. Oft verrät das Alter eines Menschen, ob er den Tod als Eindringling empfindet, der sich zwischen ihn und seine Ziele stellt, oder ob das Leben eine lange Reise für ihn war. Das Alter kann jedoch auch irreführen. Ein Freund, der einen Sterbenden zu trösten versuchte, sagte: „Aber zumindest liegt ein erfülltes Leben hinter dir. Du bist jetzt 65 Jahre alt!" Der Mann erwiderte zornig, daß er zwar lange, aber nicht gut gelebt habe. Er hatte in seinen Beziehungen, in seinem Beruf oder bei seinen Kindern nicht alles erreicht, was er erreichen wollte. An einem Tag außerhalb des Krankenhauses war er unter anderem mit seinen Kindern zusammen und sprach von manchem, das er ihnen schon immer hatte sagen wollen.

Weitere Gedanken quälen den Sterbenden. Er wird nicht mehr mit denen, die ihm lieb sind, zusammensein. Selbst Christen, denen der Himmel versprochen ist, müssen mit den Gefühlen von Einsamkeit und Verlust, die der Tod mit sich bringt, fertig werden.

Ängste werden zu Fragen. „Werde ich zur Last fallen?" — „Wieviel Schmerzen kommen auf mich zu?" — „Was machen die Schläuche und Apparate mit meinem Körper?" — „Werde ich würdig sterben?" Manche dieser Fragen lassen sich bewältigen, indem die Ärzte mit dem Patienten über seinen Zustand sprechen, wenn in psychologischer Hinsicht nichts dagegen spricht. Der Patient und seine Familie haben das Recht, die Wahrheit zu erfahren und alle Fragen, die sie betreffen, zu stellen. Vielleicht gibt es nicht auf jede Frage eine Antwort, aber ein ehrliches „Ich weiß es nicht" ist besser, als daß der Patient das Gefühl hat, nicht fragen zu können.

Stadien des Todes

Wenn der Sterbende nicht sprechen möchte, drängen Sie ihn nicht. Seien Sie feinfühlig für das, was er sagt wie für das, was er nicht sagt. Und bedenken Sie, daß Sie, da Leiden ein Prozeß ist, den Menschen vielleicht in verschiedenen Stadien sehen werden. Nach Dr. Kübler-Ross ist das erste Stadium des Sterbens Weigerung. Es ist eine gesunde Reaktion, die dem Kranken und seiner Familie Gelegenheit gibt, die Nachricht aufzunehmen. Zu Beginn dieses kämpferischen Verhaltensmusters sagt der Mensch vielleicht: „Ich kann es nicht glauben" oder „Ich will es nicht glauben". Sie stehen der Tatsache von Angesicht zu Angesicht gegenüber, daß Krankheit oder Tod nicht etwas ist, das nur anderen begegnet. Dieselbe Reaktion trifft man häufig bei Menschen an, die sich einer Operation unterziehen, amputiert werden oder ein Augenlicht verlieren. Es ist eine Zeit tiefer Einsamkeit, wenn ein Mensch seine Abwehrmechanismen entwickelt, um die Wirklichkeit durchzustehen.

Wenn der Schock abklingt, können Zorn und Groll auftreten. Die Frage „Warum?“, verbunden mit Vorwürfen oder gar Schuldgefühlen („Womit habe ich das verdient?“) wird deutlich. Gott, die Ärzte oder die Krankenschwestern werden vielleicht verantwortlich gemacht. Gott kann die Reaktion lenken; Sie können helfen, indem Sie den Menschen anhören, ohne Stellung zu nehmen. Wenn Sie voreilig mit Antworten zur Stelle sind, wird es sein Fortschreiten zum nächsten Stadium nur hemmen.

Das dritte Stadium ist ein Feilschen, ein zeitweiliger Waffenstillstand, um einen Ausweg zu finden. Der Kranke geht davon aus, Versprechen zu erfüllen, wenn ihm nur noch etwas Zeit bleibt. „Wenn du mir noch zwei Jahre gibst“, sagt er nun, „Ja, ich sehe, wie es um mich steht, aber ...“

Vom Feilschen geht der Sterbende in ein Stadium der Depression über. Jetzt steht ihm die ganze Wirklichkeit vor Augen. Das Eingeständnis führt zur Depression und einer ersten Form des Leidens. Hoffentlich kann die Familie, *die ebenfalls in gewisser Weise dieselbe Entwicklung durchläuft,* sich intensiv mit dem Sterbenden befassen. Häufig ist der Kranke seiner Familie in der Bewältigung des Leidens voraus.

Schließlich ist es an der Zeit, sich dem Tod zu stellen. Der Kranke, der die anderen Stadien durchlaufen hat, kann die Wirklichkeit hinnehmen. Es ist keine glückliche oder traurige Zeit, sie ist nur wirklich. Das Stadium des Hinnehmens kann eine schwere Zeit für die Familie und Freunde sein. Wenn der Kranke sich zurückzieht, wie es häufig geschieht, fühlen sie sich abgeschnitten und fragen: „Warum spricht er nicht mit uns? Was haben wir falsch gemacht?“ Sie können der Familie helfen zu verstehen, daß, wenn der Kranke kein Bedürfnis hat, jemanden zu sehen, es ein Anzeichen dafür ist, daß er alle unerledigten Angelegenheiten abgeschlossen hat. Wenn die Familie es so sehen kann, statt nach Gründen für eine Ablehnung zu suchen, können der Kranke und die Familie allmählich von ihrer Spannung ablassen.

Selbstmord

Eine der schmerzhaftesten einsamen Wahrheiten ist, daß Sie, ungeachtet dessen, wie sehr Sie sich um ihn kümmern, die Probleme eines anderen nicht für ihn lösen können. Sie können *mit* einem Menschen trauern, aber nicht *für* ihn. Das wird nirgends so deutlich wie in Fällen von Selbstmord.

Eine Frau Anfang 20 erschoß sich, als sie ihre Eltern übers Wochenende besuchte. Ihr Vater, der sich über Anns Tod grämte und tief bestürzt war, fragte immer wieder: „Warum? Warum hat sie es getan? Sie hatte noch so viele Jahre vor sich. Ich hätte mit Freuden ihre Probleme auf mich genommen, wenn ich davon gewußt hätte."

Es ist schwer, jemanden zu lieben und an seinem Schicksal teilzunehmen, wenn Sie wissen, daß Sie nichts tun können, um seinen Schmerz zu erleichtern. Das Leid des Vaters war nicht zu lindern; Worte konnten die Tatsache nicht auslöschen, daß Ann den Tod dem Leben vorzog. Es wurde deutlich, daß dieser Vater mit seiner eigenen Bürde leben mußte, aber er konnte sie nicht allein, ohne Freunde, tragen.

Anns Selbstmord war eine nachdrückliche, tragische Aussage über ihr Leben. Der Tod war für sie nicht die größte Bedrohung. Statt dessen boten die Bedeutung und Beschaffenheit ihres Lebens das größte Hindernis. Sie muß sich gefühlt haben, als sterbe sie bei lebendigem Leibe in einem Leben, das von ihrem eigenen Leiden erfüllt war. Wie gehen Sie auf die Hinterbliebenen ein? Offensichtlich sind vorgefertigte Antworten sinnlos. Vielleicht ist jeder von uns damit aufgefordert, sich mit seiner Einstellung zu Tod und Leben auseinanderzusetzen. Selbstmord ist nicht die Lösung, aber immer mehr Menschen entscheiden sich dafür, auf der Suche nach einem Ausweg.

Gleichgültig, *wie* ein Mensch stirbt, das Problem ist stets dasselbe. Die Länge des Lebens ist kein Maßstab dafür, wer wir sind. Das Leben ist ein Vorgang des Loslassens, denn es begegnen uns unvermeidliche Verluste in dem ununterbrochenen Lauf des Lebens zwischen Geburt und Tod.

Ein Trost

Wenn Sie nach einer, wie auch immer gearteten, Erfahrung des Todes Beistand leisten wollen, ist das beste Geschenk, das Sie machen können, die Fähigkeit, zuzuhören. Es kann sein, daß dieses Zuhören gar nicht heißt, den Worten eines Menschen zuzuhören, sondern bei ihm und bei allem, was geschieht, da zu sein; es kann sogar Schweigen bedeuten. Begreifen Sie, daß die Stadien des Verlustes *normal* sind. Es bedeutet keineswegs, daß ein Mensch weniger Glauben hat, nur weil er Fragen stellt und zornig oder deprimiert wird. Jesus weinte beim Tode des Lazarus (Joh. 11, 32—37) und durchlitt Zweifel bei seiner eigenen Hinrichtung. Manchmal ist es ein Trost, wenn wir mit einem Menschen trauern oder seine Fragen anhören. Wenn Sie einem Menschen das Gefühl vermitteln können, bedingungslos alles genau wie er zu empfinden, haben Sie ihm Hilfe gegeben.

Nicht jeder kann das, weil nicht jeder gelernt hat, seine kleinen Tode des täglichen Lebens zu erleiden. Niemand kann plötzlich einen anderen akzeptieren, teilnehmen oder mitempfinden. Wenn Sie wissen möchten, wie ein Mensch die Gegenwart des Todes bewältigen wird, brauchen Sie nur zuzuschauen, wie er sein Leben meistert.

Wenn Sie in der Rolle eines Trostbietenden sind, tragen Sie dazu bei, die Wirklichkeit des Todes in der Vorstellung der lebenden Angehörigen zu bestätigen. Manche unterstützen Sie darin, zu leugnen, daß der Tod eingetreten ist, indem sie sagen: „Er ist gegangen" oder „Sei nicht verzweifelt — wir sehen ihn nur nicht mehr". Es hilft dem Trauernden nicht, wenn man ihn in solchen Einbildungen bestärkt. Die Familie muß ihr Leben ohne das verstorbene Mitglied neu gestalten. Wenn der Tod die Folge einer unheilbaren Krankheit war, hat die Familie ihre Trauerarbeit vielleicht schon hinter sich. Das bedeutet, daß die natürlichen Gefühle des Zorns („Wie konnte er mich verlassen?") und der Schuld („Ich hätte ihm meine Zuneigung zeigen sollen, als er noch lebte" oder „Wenn wir nur jenen Streit nicht gehabt hätten"), die nach einem plötzlichen Tod auftreten, vielleicht weniger heftig sind. Dennoch müssen sie sich noch durch die leidvollen Stadien des Schocks, der Traurigkeit, der Tränen und der Neugestaltung hindurcharbeiten.

Ein Anfang besteht darin, den Verlust realistisch zu sehen. Tränen sind ein ehrlicher Ausdruck des Verlustes und ein hilfreicher Weg, weiterzuleben. Erklärungen wie „Um der Kinder willen", „Christen sind glücklich" oder „Sei stark", mit denen man zur Gelassenheit ermutigen will, hindern den Trauernden, den Verlust anzunehmen und ihn zu äußern, was notwendig ist.

Die meisten Menschen kommen in ihrer Furcht, nicht zu wissen, was sie einer Familie sagen sollen, dahin, daß sie zuviel sagen. Um in einer solchen Zeit einfühlsam zu sein, ist es notwendig, daß Sie zuhören und sich ehrlich und schlicht äußern. Worte wie „Es tut mir leid" oder „Ich fühle mit dir" sind angebracht. Wenn Sie sagen, daß Sie verstehen, stoßen Sie meistens auf Widerstand. Schließlich stecken Sie *nicht* in der Haut jenes Menschen. Wenn er einen Arm um sich oder eine Hand auf seiner Schulter fühlt, ist es für ihn ein stillschweigendes Zeichen, daß Sie sich wirklich um ihn sorgen und für ihn da sind.

Gehen Sie jedoch nicht zu weit. Dasein ist etwas anderes, als so um einen Menschen herumzuschwirren, daß er nicht mit sich allein sein kann. Wenn Sie ihm über den Willen Gottes und wie er uns Kraft gibt, predigen oder erklären, warum es den Tod gibt, wird sich der Trauernde nicht besser fühlen. Vielleicht fühlen *Sie* sich dann besser. Aber die Familie braucht in ihrem Leid den Trost, mit Menschen zusammenzusein, die nicht mit Fragen in sie eindringen oder pausenlose Unterhaltungen führen wollen. Der Christ *weiß* um die Kraft, die Gott verleiht; der Nichtchrist wird den Sinn Ihrer Worte spüren, wenn er sie hören kann, und nur er weiß, wann die Zeit dazu da ist.

Bei Todesfällen ist eine sofortige Lebensordnung notwendig: für das Essen, die Kinder sorgen, kleine Liebesbezeigungen bekunden. Aber sechs Wochen nach der Beerdigung kommt der Zeitpunkt, da die Einsamkeit niederschmetternd sein kann und der Schock völlig abgeklungen ist. Gerade dann möchte ein Mensch vielleicht fragen, was während der Zeit vor und nach dem Tod vorging, als er sich in einem zu dicken Nebel befand, um klarzusehen. Dann und zu besonderen Anlässen wie Urlaub, Jahrestagen und ein Jahr nach dem Tod ist es wichtig, Rücksicht zu nehmen und sich persönlich zur Verfügung zu stellen. Manchmal wird es jemand vorziehen, diese Zeiten allein zu verbringen, aber eine Karte oder ein Anruf wird ihm sagen, daß Sie sich um ihn sorgen und an ihn denken.

Gehen Sie auf Kummer und Bedürfnisse so einfühlsam, doch so offen wie möglich ein. Oft schrecken Menschen davor zurück, über den Verstorbenen zu sprechen. Und doch können Sie die Hinterbliebenen unter anderem damit beschenken, daß Sie ihre besonderen Erinnerungen wachrufen. Sprechen Sie über den Verstorbenen, erzählen Sie von ihm, berücksichtigen Sie dabei die lustigen wie die ergreifenden Vorkommnisse. Bringen Sie Ihre eigenen Gefühle zum Ausdruck, daß Sie ihn vermissen oder an ihn denken. Wenn Sie *nicht* darüber sprechen, weiß der Trauernde nicht, ob Sie den Verstorbenen vermissen und ob Sie sein Leid verstehen können.

Gott als Vater, der uns liebt, lehrte uns, bei den Menschen zu sein, wenn sie leiden. Er hat Verständnis und vermag die Menschen in ihrer jeweiligen Lage zu hören. Ihre Fähigkeit, Trost zu bieten, hängt sehr davon ab, wie Sie gelernt haben, auf die kleinen Sorgen Ihres Lebens zu reagieren, und wie Sie zu Ihren eigenen Ängsten vor dem Tod stehen. Hoffentlich lernen Sie, daß das Leid ein heilsamer Teil des Neubeginns ist. Die Einsamkeit ist ein Teil des Entwicklungsvorgangs, muß aber nicht das Endergebnis sein. Die Lehre stammt von Christus: Trauert, aber nicht als Menschen ohne Hoffnung.

Sie leben Ihre Einsamkeit

Beantworten Sie die folgenden Fragen im Laufe des Tages oder der Woche aus Ihrer eigenen Erfahrung:

1. Welches ist Ihre früheste Erinnerung an das Erlebnis eines Todes? Was haben Sie daraus gelernt?
2. Welche kleinen Sorgen Ihres Lebens haben Sie darauf vorbereitet, Trost zu bieten?
3. Verwenden Sie Ihre einsamen Stunden darauf, die folgenden Fragen, die Ihrer eigenen Lebenssituation entsprechen, zu ergründen.

Ehemals Verheiratete

a) Welche — sowohl realistischen wie auch unrealistischen — Erwartungen stellten Sie an die Ehe? Richten Sie nicht über Ihre Ehe, sondern versuchen Sie, zu verstehen, was fehlschlug, und daraus zu lernen.
b) Welche Bedürfnisse hatten Sie, als Sie heirateten? Und jetzt? Bedürfnisse ändern sich mit der Zeit.
c) Leben Sie Ihr Leben über andere Menschen — Kinder, Freunde, Eltern? Welche Interessen entwickeln Sie, wenn Sie die Verantwortung für sich selbst übernehmen?
d) Welche Erwartungen stellen Sie an sich und an andere? Sind sie realistisch?
e) Welche Lebensziele haben Sie augenblicklich (Was wünschen Sie?)? Welche Wertsetzungen haben Sie? Wo hat Gott darin Platz?

Verheiratete

a) Was war Ihre größte Enttäuschung in der Ehe? Ihr größter Gewinn? Können Sie ihn mit Ihrem Partner teilen?
b) Welche Bedürfnisse haben Sie heute im Gegensatz zum Tag Ihrer Heirat? Wie entsprechen Sie ihnen?
c) Was macht es in Ihrer Beziehung schwierig, miteinander aufrichtig zu sein?
d) Nennen Sie vier Dinge, die Sie an Ihrem Partner schätzen. Und vier Dinge, die Sie an sich schätzen.
e) Nennen Sie ein Ziel Ihrer Ehe für das kommende Jahr. Wo ist Gott dabei berücksichtigt?

Unverheiratete

a) Worin besteht, sofern Sie enttäuscht sind, Ihre größte Enttäuschung in Ihrem Dasein als Alleinstehender?
b) Führen Sie die Vor- und Nachteile eines alleinstehenden Daseins auf.
c) Welche Ziele haben Sie für die Zukunft? Setzen Sie sich die Ehe so sehr zum Ziel, daß Sie das Leben in der Gegenwart aufschieben?
d) Nennen Sie die Personen, die Ihre große Familie bilden. Bauen Sie christliche Beziehungen von Bedeutung auf? Wenn nicht, wie können Sie Menschen kennenlernen?
e) Wie geben Sie anderen, und wie nehmen Sie? Wo steht Gott in Ihrem Leben?

Verwitwete

a) Wie verläuft Ihr Tag gewöhnlich? Wie leben Sie mit den Zeiten der Einsamkeit?
b) Was haben Sie seit dem Tod Ihres Partners über sich selbst gelernt?
c) Wie erbitten Sie Hilfe von Freunden oder Familienangehörigen, wenn Sie sie brauchen?
d) Nennen Sie die Menschen, die um Sie besorgt sind und Ihnen ihre Hilfe angeboten haben.
e) Setzen Sie sich ein Ziel für den nächsten Tag, die nächste Woche oder den nächsten Monat. Wie geht Gott in Ihre Zielsetzung ein?

12. Sie leben Ihr Sterben

Zweifellos werden Ihnen Zeiten begegnen, sofern Sie sie nicht schon erfahren haben, in denen *Sie* auf den Beistand von Freunden angewiesen sind. Wenn Sie den Tod eines geliebten Menschen noch nicht erlebt haben, brauchen Sie nur zu warten; auch diese Erfahrung werden Sie machen müssen. Jeder lernt das Leid zur Zeit kennen.

Inmitten Ihrer Sorge fragen Sie sich vielleicht oft, ob Ihre Gefühle und Reaktionen normal sind. Reagieren andere Menschen auch so? Worin *besteht* ein normaler Leidensvorgang?

Schock, Tränen, Schuldgefühle, Depressionen und ein tieferes Gefühl des Verlustes, bei dem Sie sich fragen, ob Sie den Schmerz überstehen werden. Eine überwältigende Einsamkeit und der Wunsch, sich zurückzuziehen und allein zu sein. Mangelnde Energie oder mangelndes Interesse, sich an gesellschaftlichen Ereignissen zu beteiligen. Der Wunsch, mit jemandem zu sprechen und dabei doch der Gedanke, daß niemand *wirklich* verstehen kann. Physische Anzeichen der Verzweiflung und Belastung, die Sie erfahren. Irgendeines oder jedes dieser Gefühle kann ein selbstverständlicher Bestandteil Ihres Leidens sein.

Manche, auch Christen, mögen Fragen haben. „Wie konnte Gott das zulassen?“ — „Warum ließ ein Vater, der liebt, solchen Schmerz zu?“ Beängstigende Fragen brennen in Ihrer Vorstellung. Die Bibel enthält eine Fülle solcher Fragen, ohne die religiösen Auswirkungen vermeiden zu wollen.

Lesen Sie die Psalmen, oder verfolgen Sie die Leiden des Hiob. Als er seine Kinder, seinen Besitz und seinen Wohlstand verlor, verfluchte er den Tag, an dem er geboren war. Verlieren lernen ist eine der bedeutendsten Herausforderungen des Lebens. Die Verluste Hiobs waren so tiefgreifend, daß er keinen Sinn mehr im Leben sah. Es war, als sei ein Teil seiner selbst abgestorben.

Er suchte nach Erklärungen, ebenso wie seine Freunde, die zu dem Schluß kamen, daß Sünden, die er nicht bekannte, auf Hiob lasten mußten, um solch eine Katastrophe zu rechtfertigen. Aber das Unglück des Lebens ist rätselhaft. Je mehr die Menschen versuchen, es zu erklären und einen Schuldigen zu finden, desto weniger lernen sie daraus.

Schließlich stellte sich Hiob Gott und wurde daran erinnert, daß das, was er verlor, zunächst einmal gar nicht ihm gehörte. Alles, was sein war, war ein Geschenk, kein Besitz. Da Hiob sich seinen Fragen, dem Zorn, Groll und sogar den Schuldgefühlen überließ, konnte er seinen Überzeugungen entgegentreten. Es war nicht mehr die Antwort eines Menschen, der die Not nicht kennt. Er hatte ein Vertrauensverhältnis zu seinem Vater, das Fragen zuließ. Hiob lernte, daß er keinen Anspruch auf Dinge, Menschen oder Gefühle hatte, die Geschenke Gottes waren. Die Tatsache, daß er auf diese Weise gesegnet wurde, war ein Geschenk des Vaters. Aber Hiob mußte seine eigene Entwicklung durchmachen, vom Dunkel zum Licht. Das geschieht nicht im Handumdrehen. Er konnte das Ende nicht von vornherein kennen. Sein Glaube entfaltete sich zur Reife, indem er mit den Geheimnissen des Wirkens Gottes rang.

Die Erfahrung eines Verlustes kann einen Menschen für immer verbittern. Manche Menschen hassen Gott, die Welt und sich selbst und beschließen, nie wieder verwundbar zu sein. Trotziger Zorn ist eine Möglichkeit. Die Alternative besteht darin, sich den Gefühlen und Fragen zu überlassen und zu lernen, das Leben als Geschenk aufzufassen. Wer den zweiten Weg geht, kann eine tiefere Einsicht in den Glauben gewinnen und eine höhere Empfindsamkeit und Anpassungsfähigkeit für das Leben entwickeln.

Hiob ging vom *Hinnehmen* des Verlustes zu einem Stadium der *Verwirklichung* über. Er stellte sich die Frage: „Was bedeuten Verluste?" Dann kehrte er ins Leben zurück. Er kehrte in die Welt zurück aufgrund der Grenzen, die er erkannt und der Einsichten, die er gewonnen hatte.

Wie setzen Sie sich mit Ihrem Leid auseinander? Ein Mann spielte bei der Bestattung seines Vaters die Rolle eines unerschütterlichen, nüchternen, starken Horts. Jedermann hielt ihn für einen tapferen Beistand. Da er sämtliche Vorbereitungen für die Beerdigung traf, telefonierte, um die Nachricht des Todes anzuzeigen und sich um seine Mutter kümmerte, hatte er keine Zeit für sein eigenes Leid. Sechs Monate nach der Beerdigung brach er zusammen. Wenn Sie durch Ihr Handeln das Unterdrücken des Kummers fördern, wird die stoische Hinnahme zu einer Art Rollenspiel. Oft entsteht eine grinsende Depression, wenn die Trauerarbeit verzögert wird.

Wie steht es mit Schuldgefühlen?

Sie erleben vielleicht verschiedene, natürliche Reaktionen auf die Wunde des Todes. Schuldgefühle sind ein charakteristischer Bestandteil der Trauer, wenn der Tod die Tür hinter einem unvollendeten Vorhaben schließt. „Wenn nur . . .“-Gedanken können Sie eine Zeitlang quälen. Eine Frau lebte mit dem Schuldgefühl, nicht das Lieblingsgericht ihres Sohnes gekocht zu haben, bevor er nach den Osterferien ins College zurückkehrte. Er kam auf dem Rückweg zur Schule bei einem Autounfall ums Leben, und seine Mutter lebte monatelang mit „Wenn nur . . .“-Gedanken. Man wird immer einen Grund für Schuldgefühle finden. Und sie müssen sich nicht unbedingt auf bedeutende Handlungen beziehen, die den Verstorbenen kränkten.

Schuldbewußtsein ist kein Gefühl, das nur in Verbindung mit Todeserlebnissen auftritt. Ein Mann verwundete seinen Sohn bei einem eigenartigen Jagdunfall. Das Gewehr ging zu früh los und traf seinen Sohn ins Auge. Der Vater versuchte, mit Freunden über sein Schuldgefühl zu sprechen, aber sie bestärkten ihn darin, es zu unterdrücken, mit Feststellungen wie: „Nun, zumindest ist doch dein Sohn am Leben.“ Der Vater, von Schmerz zerrissen, sprach mit seinem Geistlichen. Im Laufe des Gesprächs brach er aus: „Ich wünschte, er wäre gestorben. Lebend ist er ein wandelndes Denkmal dessen, was ich getan habe.“ Der Geistliche erwiderte: „Ja, Sie haben einen ungeheuerlichen Fehler gemacht. Ich kann verstehen, warum Sie sich so schuldig fühlen.“ Der Vater brach in Tränen aus und schluchzte unbeherrscht. Endlich konnte er seinen Gefühlen freien Lauf lassen. Dank eines einfühlsamen Geistlichen, der ihn nicht darin bestärkte, sich zu verstellen, konnte er sich mit seinen Gefühlen auseinandersetzen. Das war genau, was er gebraucht hatte, um seinen Weg fortzusetzen: jemand, der sein Durchlaufen der Entwicklung nicht behinderte. Er hatte schon Gott um Verzeihung gebeten, aber er hatte sie nicht annehmen können, weil er sich selbst nicht verzeihen konnte. Und er konnte sich nicht selbst verzeihen, solange er sich nicht mit seinem Verlust auseinandersetzen konnte.

Eine weitere natürliche Reaktion besteht darin, einen Menschen im Vergleich zu seinem Leben zu verherrlichen. Idealisierung nährt nur neue Schuldgefühle und Einsamkeit. Sie können sich in Gedanken an eine Beziehung der Vergangenheit nicht wohl fühlen, wenn jemand in Ihrer Erinnerung überlebensgroß ist.

Eine dritte häufige Reaktion ist das Gefühl einer emotionalen Verpflichtung gegenüber dem Verstorbenen. „Was würde Mutter wünschen, das ich tue?“ — „Wie kann ich das Werk zu Ende führen, das er begonnen hat?“ sind keine seltenen Fragen. Je weiter Sie den Trauerprozeß durchschreiten, desto weniger fesselt Sie das Bemühen, sich an den geliebten Menschen gebunden zu fühlen.

Wenn Sie sich dem Leid aussetzen, sind Sie gezwungen, der Wirklichkeit Ihres eigenen Todes gegenüberzutreten. Manchmal geschieht das, indem Sie ähnliche Symptome wie der Verstorbene entwickeln. Häufiger rücken einfach

Ihre Ängste in den Mittelpunkt. Sie haben das Leben nicht in der Hand, Sie haben nicht die Wahl, ewig zu leben. Sie können sich nicht einmal aussuchen, wie Sie sterben wollen. In Wahrheit ist jeder sterblich. Mit dem Begriff „sterblich" verbindet man im allgemeinen die Vorstellung von einer bösartigen oder festgestellten Krankheit. Aber selbst wenn Sie gesund sind, sind Sie sterblich. Sie haben das Leben auf Erden nicht unbegrenzt in den Händen.

Wenn Sie sich das eingestehen und es hinnehmen, können Sie freier mit der Angst, die mit dem Tod verbunden ist, leben. Sie können lernen, mit den kleinen Verlusten fertigzuwerden, um besser darauf vorbereitet zu sein, mit den größeren zu leben. Wenn Sie lernen, sich dem Tod zu stellen, dann können Sie frei sein, wirklich in der Gegenwart zu leben. Die meisten Menschen fürchten sich, sowohl auf einer unbewußten Ebene als auch bewußt, so sehr vor dem Tod, daß sie ihr Leben mit Beschäftigungen verplanen, um die Auseinandersetzung mit der Angst vor dem Tod zu vermeiden. Es ist paradox. Wenn Sie lernen, mit dem Tod zu leben, können Sie die Zeit, die Sie haben, wirklich genießen. Setzen Sie sich vielfältigen Erfahrungen aus, um sich in Ihrer Menschlichkeit wohler zu fühlen und mit dem Leid vertrauter zu werden; arbeiten Sie freiwillig in einem Krankenhaus, besuchen Sie regelmäßig einen Krebskranken, verwenden Sie die Stunden Ihrer Einsamkeit darauf, sich Ihren Ängsten zu stellen, verbringen Sie eine Zeitlang auf einem Bauernhof, wo Geburt und Tod als natürliche Bestandteile des Lebens betrachtet werden, oder lernen Sie von einem Freund, der gerade in Scheidung lebt.

In mancher Hinsicht ist eine Scheidung problematischer als das Erlebnis eines Todes, da der Körper immer noch umhergeht und die Gesellschaft nicht weiß, wie sie helfen kann! Viele erblicken im Tod einen Nimbus von Würde. Nicht so bei der Scheidung. Der Vorgang des Leidens bei einer Scheidung ist derselbe wie bei einem Tod oder einem anderen bedeutenden Verlust, gleichgültig wie der Entschluß zur Scheidung zustande kam. Indem Sie an den Erfahrungen anderer Menschen teilnehmen und Ihre eigenen Verlusterlebnisse bewältigen, können Sie jedesmal ein wenig mehr lernen, Ihrem eigenen Tod zu begegnen.

Fragen über den Tod sind geheimnisumwoben. Aber die Bibel sagt eindeutig, daß der Tod ein Neubeginn ist. Christus hat bereits dafür bezahlt. Die Bedeutung, die in dem Geheimnis liegt, ist, daß das Paradies Sie jenseits des Grabes erwartet.

Eine Frau, eine Christin, die den Mut besaß, sich selbst zu begegnen, sagte: „Ich weiß, daß ich sterbe, und ich habe zu große Schmerzen, um die Freude meines Glaubens zu *empfinden*. Aber ich weiß, daß sie da ist. Ich habe 44 Jahre lang den Wechsel der Jahreszeiten gesehen. Sie werden weiterhin ihren Lauf nehmen, wenn ich gegangen bin. So gewiß bin ich des Paradieses und der Hoffnung, die mich dort erwartet." In der Nacht, bevor sie starb, saß sie aufgestützt in ihrem Bett und sang geistliche Lieder und Volkslieder.

Glaube ist der Mut, Ihr Sterben zu leben, sich den Fragen zu stellen und die Spannung zwischen Sinn und Geheimnis zu akzeptieren.

Sie leben Ihre Einsamkeit

Beantworten Sie die folgenden Fragen im Laufe des Tages oder der Woche aus Ihrer eigenen Erfahrung:

1. Denken Sie an Ihr jüngstes Erlebnis persönlichen Leids. Welche Fragen richteten Sie an Gott?
2. Wie fühlen Sie sich, wenn Sie zornig werden?
3. Wie setzen Sie sich mit Ihrem Leid auseinander?
4. Wenn Sie gegenwärtig Schuldgefühle haben, wo liegt die Ursache? Wie gedenken Sie damit fertigzuwerden?
5. Haben Sie irgend jemanden im Tod im Vergleich zu seinem Leben verherrlicht? Wenn ja, was unternehmen Sie, um ihn „menschlich" zu sehen?
6. Was ängstigt Sie am Tod?
7. Haben Sie Vorbereitungen für Ihren eigenen Tod getroffen, z. B. ein Testament gemacht, mit Ihren Kindern über die Wahrheiten des Todes gesprochen, etc.? Warum bzw. warum nicht? Wann gedenken Sie es zu tun?
8. Was empfinden Sie, wenn Sie an sich selbst als an einen Sterblichen denken? Warum?
9. Stellen Sie Möglichkeiten zusammen, wie Sie mit dem Leid vertrauter und zufriedener werden wollen.
10. Wie gehen Sie auf Menschen ein, die den Schmerz einer Scheidung oder den Tod eines geliebten Menschen erleben? Worin besteht die christliche Reaktion?

13. Leben heißt Probleme lösen

In unserer erfolgsorientierten Gesellschaft können Sie sich in den Erwartungen verfangen, die andere Menschen an Ihr Leben stellen. Sie hetzen in einer Tretmühle dahin und versuchen, nicht aufzugeben oder vorwärtszukommen. Dabei sehen Sie Krisen, Einsamkeit und Sorgen als Hindernisse auf dem Weg zu Zielen an, die Sie sich gesetzt haben. Ein erfolgreiches Leben wird unrealistisch als ein Leben ohne Sorgen definiert und zum Ideal gemacht.

So oder so lernen Sie, daß leben Probleme lösen heißt und kein märchenhaftes „Für-alle-Zeiten-glücklich-sein" ist. Sie erkennen, daß Entwicklungskrisen zum Leben gehören, daß Sie vielleicht die Verantwortung für Kinder tragen, aber keinen Einfluß auf sie haben. In irgendeiner Form überkommt die Einsamkeit jeden. Sie sind verantwortlich für Ihre Entscheidungen, aber das heißt nicht, daß Sie die Ereignisse in Ihrem Leben völlig beherrschen.

Es zeigt sich, daß Sie lernen müssen, zwei Wege zu gehen, wenn Sie so leben wollen, als sei heute „der erste Tag Ihres restlichen Lebens": den Weg der Dankbarkeit und den Weg der Verzeihung.

Eine sehr sensible Frau sprach einmal über ihre Angst. „Ich habe keine Veranlassung, weiterzumachen. Ich habe die Ziele, die ich mir gesetzt habe, erreicht, aber ich fühle mich leer." Sie hatte jahrelang geglaubt, daß Erfolg ihrem Leben einen Sinn geben würde. Statt dessen erkannte sie, daß Leistung die Leere der Einsamkeit nicht füllt. Und darüber nachzugrübeln, wie die Dinge sind, nährt nur Gefühle der Entfremdung. Als sie das Leben als ein Lösen von Problemen zu sehen begann, gab sie die Vorstellung auf, daß man nur genügend leisten müsse, um keinen Schwierigkeiten oder Nöten zu begegnen.

Die Haltung der Dankbarkeit besteht in der Fähigkeit, das Leben als Geschenk und nicht als Verpflichtung anzunehmen. Es gibt immer Möglichkeiten inmitten einer Krise, wenn Sie versuchen, in Ihrer Lage die fünf Brotlaibe und zwei Fische zu finden. Als Jesus seine Jünger aufforderte, die Menschenmenge zu speisen, machte er von dem Gebrauch, was ihm zur Verfügung stand, statt das Leben, wie er es gerade vorfand, zu beklagen.

Denken Sie in Ihren einsamen Stunden an die fünf Brotlaibe und die zwei Fische in Ihrem Leben. Wofür können Sie danken? Oft nimmt man die Dinge, die etwas ganz Besonderes sind, als größte Selbstverständlichkeiten hin. Sie haben zum Beispiel Erinnerungen, was bedeutet, daß Sie nicht in einem luftleeren Raum vor dem Morgen stehen. Sie haben die Wahl, Beziehungen zu knüpfen, wenn Sie das Wagnis der Verletzlichkeit eingehen können. Und wie steht es mit den Bedürfnissen zu leben, gute Bücher zu lesen, das Meer, die Berge oder wachsendes Korn zu sehen?

Die Schwierigkeit liegt darin, inmitten einer Krise oder eines Verlustes Dankbarkeit zu finden und zu empfinden. Wenn Sie krank sind, berufliche Veränderungen erfahren, oder wenn Träume zerstieben, Freunde fortziehen oder ein Angehöriger stirbt, müssen Sie lernen, dankbar zu sein. Dankbar sind Sie, wenn Sie gerade dann danken, wenn Ihnen nicht danach zumute ist. Das werden Ihnen die vorhandenen fünf Brotlaibe und die zwei Fische zeigen (Matth. 14, 17—19).

Jesus versteht die Einsamkeit, die wir empfinden, wenn wir allein darum ringen, uns schmerzhaften Ungwißheiten zu stellen. Oftmals können Sie die Verhältnisse nicht ändern. Sie können sich nur intensiv mit Ihrer Situation auseinandersetzen, aus ihr lernen und dahin wachsen, die Situation als eine Herausforderung anzunehmen. Inmitten einer Krise oder Ungewißheit dankbar sein ist nicht leicht.

Vielleicht können Sie nicht „Danke" sagen. Sie verstehen es besser, Dankbarkeit für die Schönheiten des Lebens auszudrücken als für unangenehme Tatsachen. Vielleicht möchten Sie, daß sich die Dinge entweder nach *Ihrer* Vorstellung oder überhaupt nicht entwickeln. Es ist tröstlich, zu wissen, daß Sie nicht unfehlbar zu sein brauchen, um geliebt zu werden. Sie brauchen nicht makel-, sünden- und fehlerlos zu sein, um von Gott angenommen werden zu können.

Einem Mann, dem man seine Stellung gekündigt hatte, wurde kurz und bündig erklärt: „Die steigenden Kosten der Inflation." Als er über die Tragweite des Problems nachdachte, sagte er: „Es ist ummöglich, Gott für diese Erfahrung zu danken. Wie kann ich jetzt für meine Frau und meine Töchter sorgen? Ich kann mir nicht vorstellen, daß diese Erfahrung *irgend etwas* Gutes bringen kann."

Sechs Monate später hatte der Mann eine andere Stelle und dachte über die letzten sechs Monate seines Lebens nach. „Die Ängste und die Unsicherheit, die ich empfunden habe, waren kein Vergnügen für mich. Ich glaube, unsere Familie hat einige wichtige Dinge gelernt. In manchen meiner düstersten, einsamsten Augenblicke verstand ich mich mit meinen Töchtern im Teenageralter besser denn je. Da ich mich offen vor ihnen grämte, fühlten sie sich für unsere Schwierigkeiten mit verantwortlich. Als eine von ihnen fragte, ob es besser wäre, wenn sie nicht solch eine Last wären, stellte ich das sofort klar. Wir sprachen *miteinander* statt *zueinander*. Wir bestätigten unsere Liebe und

Familienbindungen aufs neue. Und sie waren wieder beruhigt, daß meine Sorgen nicht auf irgend etwas beruhten, was sie taten oder nicht taten. Kinder können mit vielen Dingen fertig werden, wenn man sie an dem Vorgang des Leides teilnehmen läßt, statt sie davor zu „beschützen"! Wenn ich die ganzen sechs Monate überschaue und nicht nur die Ereignisse, die mit dem Verlust meiner Stelle verbunden waren, weiß ich manches an der ganzen Erfahrung zu schätzen."

Dankbarsein beginnt, wenn Sie das Leben als einen Entwicklungsvorgang betrachten können und nicht als eine Summe verstreuter Ereignisse. Wenn Sie sich ausschließlich auf eine Situation konzentrieren, haben Sie eine Scheuklappensicht.

Das Gegenstück zur Dankbarkeit ist Verzeihung. Wie immer Sie es nennen — Unvollkommenheit, Sünde, Versagen, Fehler, Reue — wie setzen Sie sich damit auseinander? Manche Menschen verinnerlichen ihr Versagen und machen es zum Maßstab ihrer wirklichen Existenz. Letzten Endes führt dies zu Selbstverachtung und einsamen Selbstzweifeln.

Eine andere Form, sich des Bösen zu entledigen, besteht darin, andere Menschen dafür verantwortlich zu machen. Die Unzufriedenheit wird nicht nach innen, sondern nach außen verlegt. Andere Menschen werden für alles, was unrecht ist, zum Sündenbock gemacht. Ein klassisches Beispiel dafür ist das der Schriftgelehrten und Pharisäer, die die Ehebrecherin gesteinigt hätten, wenn Jesus nicht eingeschritten wäre (Joh. 8, 3—4). Jeder hat irgendwann einmal seine kleinen oder großen Fehler anderen angerechnet!

Jesus eröffnete einen anderen Weg, die Sünde zu bewältigen. Er verstand Vergebung als Tatsache, nicht nur als Idee oder Begriff. Er pflegt menschlichen Umgang aus einer Haltung der Annahme und bedingungslosen Liebe heraus. Sie können Verzeihung erlangen, nicht um dessen willen, was Sie sind, sondern um dessen willen, was Gott ist. Sie haben die Wahl, ob Sie Ihr Leben zu einem Gefängnis von Selbstzweifeln und Angst machen oder ganz auf dem Weg der Verzeihung leben wollen.

Nun, das klingt alles gut und schön. Aber vielleicht gehören Sie zu denen, die selbst in ihren einsamen Zeiten glauben, Verzeihung habe etwas mit anderen Menschen zu tun. Sie sehen sich gar nicht als so sehr selbstsüchtig an, denn Sie haben „den Umständen entsprechend" Ihr Bestes getan. Sie finden sich nicht besonders gefühllos. Schließlich ist es an der Zeit, daß man Ihnen gegenüber Einfühlungsvermögen beweist! Sie haben also Ihre Sünden katalogisiert, oder Sie leben so sehr in der Vergangenheit oder Zukunft, daß Sie die Möglichkeiten der Gegenwart versäumen. Hoffentlich können Sie, wenn das eintritt, lernen, sowohl zwischen als auch während Krisen um Verzeihung zu bitten.

Die Wege der Dankbarkeit und Verzeihung sind für den Christen unentbehrlich. Jeder kommt in diese Welt allein und verläßt sie allein. Dazwischen begegnet Ihnen die Einsamkeit, die zum Leben dazugehört. Zeiten des Alleinseins können Zeiten der Einsamkeit und gesteigerter Empfindsamkeit sein. Aber das Geschenk des Lebens können Sie am besten verstehen und annehmen, wenn Sie lernen, dankbar zu sein, wenn Ihnen nicht danach zumute ist und selbst dann um Verzeihung zu bitten, wenn Sie vergessen haben, wie und warum Sie es tun sollten.

In die Einsamkeit einwilligen, sie annehmen und an dieser Erfahrung zu wachsen, ist in sich ein Entwicklungsvorgang. Das Geschenk des Lebens ist ein Akt der Liebe. Und wo Liebe ist, da ist auch Einsamkeit. Wie leben Sie mit Ihrer Einsamkeit?

Sie leben Ihre Einsamkeit

Beantworten Sie die folgenden Fragen im Laufe des Tages oder der Woche aus Ihrer eigenen Erfahrung:

1. Worin bestehen die fünf Brotlaibe und die zwei Fische in Ihrer Situation?
2. Nennen Sie die Dinge, für die Sie dankbar sind, die Sie aber als selbstverständlich hinnehmen.
3. Können Sie angesichts einer gegenwärtigen unangenehmen Tatsache in Ihrem Leben für etwas danken? Wofür? Was hindert Sie daran?
4. Vollenden Sie diesen Satz: „Ich fühle, daß ich von Gott nur angenommen werden kann, wenn ...“
5. Nennen Sie drei Menschen, denen Sie Ihre Dankbarkeit dafür beweisen wollen, daß sie in Ihrem Leben sind. Wie gedenken Sie, jeden einzelnen von Ihrer Dankbarkeit wissen zu lassen? (Brief, Anruf, Besuch?)
6. Nennen Sie etwas, das Sie sich nicht verzeihen. Wie lange wollen Sie das Bündel mit sich herumtragen?
7. Sie haben das Geschenk des Lebens erhalten. Was machen Sie daraus? Welche Ziele haben Sie *jetzt,* da ein neuer Tag beginnt, an dem Sie Ihr Geschenk leben?